Jürgen Wolf

Geschaut – Gehört – Gesprochen

Jürgen Wolf

Geschaut – Gehört – Gesprochen

Predigten über emblematische Malereien der Kirche St. Salvator in Hermsdorf / Thüringen
Advent bis Ostern

Fromm Verlag

Impressum / Imprint
Bibliografische Information der Deutschen Nationalbibliothek: Die Deutsche Nationalbibliothek verzeichnet diese Publikation in der Deutschen Nationalbibliografie; detaillierte bibliografische Daten sind im Internet über http://dnb.d-nb.de abrufbar.

Bibliographic information published by the Deutsche Nationalbibliothek: The Deutsche Nationalbibliothek lists this publication in the Deutsche Nationalbibliografie; detailed bibliographic data are available in the Internet at http://dnb.d-nb.de.

Verlag / Publisher:
Fromm Verlag
ist ein Imprint der / is a trademark of
AV Akademikerverlag GmbH & Co. KG
Heinrich-Böcking-Str. 6-8, 66121 Saarbrücken, Deutschland / Germany
Email: info@frommverlag.de

Herstellung: siehe letzte Seite /
Printed at: see last page
ISBN: 978-3-8416-0381-4

1. Einführung

Wer die Hermsdorfer Kirche besucht, findet sich zwischen Erstaunen und Faszination wieder. In die Kirche wurde Anfang der 70 – iger Jahre des 20. Jahrhunderts eine Zwischendecke eingezogen, um so Raum für die Gemeindearbeit zu gewinnen. Der Sakralraum befindet sich heute deshalb in der zweiten Etage.

Dieser Raum öffnet sich dem Besucher nunmehr zwar gedrungen aber mit unverändert ansprechenden Malereien. An der Decke sind die wichtigsten Feste des Kirchenjahres dargestellt: Weihnachten, Ostern, Himmelfahrt und Pfingsten. Die Vorlagen für diese Bilder und ebenso die Darstellung der Evangelisten hat der Maler Schildbach der Merian – Bibel entnehmen können.[1]

Vom Kommen Gottes zu den Menschen erzählen die Bilder über dem Triumphbogen und über der Orgel. Über dem Triumphbogen ist die Geburt Jesu gemalt. Gott kommt in die Welt, indem er Mensch wird. Über die Orgel ist eine Darstellung des Pfingstereignisses gesetzt. Gott ist bei den Menschen durch seinen Geist.

An den Längsseiten der Decke sind Ostern und Himmelfahrt zu sehen. Durch Christus sind die Menschen hineingenommen in das Leben, das entgrenzt ist und vom biologischen Tod nicht mehr berührt werden kann.

Das Gemälde an der Decke zeigt Luther auf einer Wolke im Himmel sitzend. Luther weist auf die Heilige Schrift. Er zeigt so auf die Gegenwart Gottes in den Worten der Bibel.

Die Malereien der Emporen sprechen den Menschen noch heute an. Auf der ehemaligen ersten Empore sind Propheten zu erkennen.

Die Malereien der zweiten Empore laden zum Nachdenken ein, weil sie Rätsel aufgeben. Ein Bild hat immer einen gereimten Satz unter sich stehen. Beides steht in Beziehung zueinander. Beides zusammen hat einen biblischen Bezug.

Diese Bilder scheinen eine geheimnisvolle Spannung zum Betrachter aufzubauen. Was ist ihre Botschaft und gewissermaßen der Code, nach dem sie gelesen werden können. In der unvoreingenommenen Betrachtung beginnen die Malereien zu sprechen. Es ist wie ein undeutliches Sprechen – ein Sprechen, das von Rauschen durchsetzt ist. Beim genaueren Hinsehen und sich Vertiefen wird

---

[1] Siehe ausführlich zu den kunsthistorischen Betrachtungen die Broschüre von Meiksat, Hiltrud: Wissenswertes über die Malerei in der St. Salvator Kirche Hermsdorf, Bürotechnik von Thaler, Eisenberg 2012

die Botschaft klarer hörbar. Die Botschaft selbst kann dann weiter gesagt werden.

Gerade darum laden diese Bilder ein, Grundlage der Predigt zu sein. Geschaut – gehört – gesprochen, so lautet der Titel dieser Studie. Im inneren Schauen erhebt sich etwas zu Hörendes. Das Gehörte will weiter gesagt werden, weil es die Botschaft Gottes an uns ist. Sie ist in dieser Kirche als stumme Predigt gemalt, die vor allem geschaut werden will.

Um die Botschaft präzise erfassen zu können, ist das Hören auf die wichtig, die diese Bilder gestalteten. Aus diesem Grunde ergibt sich ein Blick in die Zeit der Entstehung der Malereien und die Zeugnisse dieser Zeit. Die Aufmerksamkeit wird auf den Zeitgeist und die Frömmigkeit orientiert. Andererseits müssen die Malereien auch kunstgeschichtlich betrachtet werden. Beide: Geistes – und Frömmigkeitsgeschichte und Kunstgeschichte sind für die Zeit der Entstehung der Malereien eng aufeinander bezogen.

Das ergibt den Aufschluss über die inhaltliche Struktur der Malereien. Gleichzeitig muss nach einer Übertragung für uns heute gefragt werden. Auf diese Weise entwickelt sich eine spannender Prozess der Auslegung der Heiligen Schriften auf dem Hintergrund des Beziehungsgefüges zwischen Bild, Spruch, biblischer Grundlegung und der Bedeutung für heute.

2. Denken und Glauben in der Zeit der Ausmalung der Kirche St. Salvator in Hermsdorf

Die Kirche St. Salvator in Hermsdorf in Thüringen wurde zwischen den Jahren 1735 und 1740 durch den Maler Schildbach ausgemalt. Leider ist der Vorname nicht genau bekannt.[2] Die Zeit Mitte des 18. Jahrhunderts war von verschiedenen geistigen Strömungen geprägt, die sich gegenseitig überlagerten, bedingten und gegeneinander standen. Gut hundert Jahre zuvor war der 30 – jährige Krieg zu Ende gegangen. Mit ihm endeten die konfessionellen Streitigkeiten.[3]

Gleichzeitig ist es theologie– und frömmigkeitsgeschichtlich die Zeit der Orthodoxie im Luthertum. Die **Lutherische Orthodoxie** bemühte sich, die reformatorische Erkenntnis exakt weiter zu tradieren. Dieser Tradierungsprozess wurde von zunehmend großer Abstraktion in der Darstellung durchzogen.

---

[2] A. a. O., S. 4

[3] Zum folgenden Heussi, Karl: Kompendium der Kirchengeschichte, Tübingen 1979, S. 382

Neben der Orthodoxie sind noch zwei weitere Komponenten im Zeitgeist und der Frömmigkeit wirksam. Einerseits regen sich Kräfte des Kulturlebens, die sich von der geistigen Bevormundung durch die Kirche befreien wollen. So setzt sich eine von den überlieferten Autoritäten unabhängige Welt – und Lebensanschauung durch. Diese Bewegung wird in der Geistesgeschichte als **Aufklärung** bezeichnet.

Ihre Wurzeln hat diese Strömung bereits in der Renaissance mit Bestrebungen seit dem 12. und 13. Jahrhundert, sich von der Vorherrschaft der Kirche zu lösen. In der Stille setzt sich die Renaissance dann im 16. und 17. Jahrhundert fort. Sie bildet sich einerseits zur exakten Naturwissenschaft und andererseits zur historisch – philologischen Kritik aus. Profiliert ist die Geisteshaltung der Aufklärung durch einen Intellektualismus mit dem Streben nach Erkenntnis und Wahrheitssuche. Das Wahre ist dabei das Natürliche, das erkenntnistheoretisch von der Vernunft erfasst werden kann. Im Schoße dieser Zeitgeisterscheinung entwickeln sich die Naturwissenschaften in Loslösung von kirchlichen Autoritäten. Diese Loslösung wird innertheologisch durch entsprechende Begründungszusammenhänge geistig bereitet und begleitet. René Descartes, Isaak Newton oder Leibnitz gehören in diese Reihe. In Deutschland hat die Aufklärung im Gegensatz zu Frankreich nie eine Kirchenfeindlichkeit entwickelt.

Die Predigtkultur der Aufklärung war davon geprägt, dass teilweise die Bezüge zu biblischen Texten verlassen wurden und Nebenaspekte in den Mittelpunkt traten. Die Tatsache, dass Ochs und Esel an der Krippe sind, veranlasste mitunter die Pfarrer zu Weihnachten dann über die Sinnhaftigkeit der Stallfütterung zu sprechen.[4]

Mit der Aufklärung entwickelte sich eine andere Strömung des Geisteslebens und der Frömmigkeit: der **Pietismus.**[5] Der Pietismus ist eine interkonfessionelle Bewegung des 17. Jahrhunderts. Vorbereitet war er durch die Erbauungsliteratur des 17. Jahrhunderts, durch Elemente des Luthertums und der katholischen Mystik. Er kann durch folgende Züge charakterisiert werden: Das Leben einer verinnerlichten Religiosität (Herzensfrömmigkeit verbunden mit Selbstbeobachtung); Betonung der guten Werke als Frucht des Glaubens –

---

[4] Winkler, Eberhard: Aus der Geschichte der Predigt und Homiletik, in: Bieritz, Karl-Heinrich; Henkys, Jürgen; Jenssen, Hans-Heinrich; Kiesow, Rüdiger; Winkler, Eberhard (Redaktionskreis): Handbuch der Predigt, Berlin 1990, S. 596f.

[5] Heussi: Kirchengeschichte, S. 395

praxis pietatis; Abgrenzung von der Welt und ihren Vergnügungen; Distanzierung vom Staatskirchentum. Ausformungen gab es durch Philipp Jakob Spener (1635 – 1705), August Hermann Francke (1663 – 1727) oder Nikolaus Ludwig Graf von Zinzendorf (1700 – 1760).

Immer steht dabei die Bibel im Zentrum.[6] Zentral ist die Verkündigung als Auslegung der Heiligen Schrift. Dazu kommt das „heilige Leben".[7] Der Glauben muss im Herzen und nicht nur im Kopf verankert sein.

Die Wegbereitung für diesen Wandel der Frömmigkeit ist durch das Erbauungsbuch von Johann Arndt (1555 – 1621) mit dem Titel: Vom wahren Christentum[8] erfolgt. Johann Arndt studierte Medizin und Theologie. Immer vertrat er auch naturwissenschaftliche Interessen und führte in seinem Arbeitszimmer auch chemische Experimente durch. Zunächst war er in Anhalt Pfarrer und wurde wegen der Verweigerung, den Taufexorzismus nicht mehr durchzuführen des Landes verwiesen. Er wirkte dann an verschiedenen Orten als Pfarrer (Quedlinburg, Braunschweig und Eisleben). Schließlich wurde er als Generalsuperintendent nach Celle berufen.[9]

Die Ausgaben dieses Werkes der Vier Bücher vom wahrem Christentum, die 1696 in Leipzig und 1678/79 in Riga erschienen, sind mit emblematischen Kupferstichen versehen. Diese wiederum wurden die Grundlage für die Ausmalungen in verschiedenen Kirchen.[10]

Die Intention dieser Frömmigkeit und Zeit ist es, die Heilstatsachen nicht mehr nur durch Texte zusammengefasst zu erkennen und im Glauben anzunehmen. Es geht darum, das in der Heiligen Schrift äußerlich Beschriebene auch im Inneren nachzuvollziehen. Aus diesem Grunde werden die Heilstatsachen in den Kirchen

---

[6] Zum Folgenden: Schicketanz, Peter: Der Pietismus von 1675 bis 1800, Kirchengeschichte in Einzeldarstellungen III / I, Hg.: Gäbler, Ulrich; Haendler, Gert, Leipzig 2001, S. 17f.

[7] A. a. O., S. 18

[8] Arndt, Johann: Vier Bücher vom Wahren Christentum, das ist von heilsamer Busse, herrlicher Reue und Leid über die Sünde und wahrem Glauben, auch heiligem Leben und Wandel der rechten wahren Christen; nebst desselben Paradies- Gärtlein. (Unveränderter Abdruck.)
Herausgegeben vom Evangelischen Bücher – Verein. Vierte Auflage. Berlin 1853. In der Niederlage des Vereins, Gertraudten – Straße No. 22.

[9] Schicketanz, Peter: Der Pietismus, S. 22
Schneider, Hans: Der Braunschweiger Pfarrer Johann Arndt. Sein Leben auf dem Hintergrund der deutschen Kirchengeschichte 1555 – 1621, in: Otto, Hans; Schneider Hans (Hg.): Frömmigkeit und Theologie, Studien zur Kirchengeschichte Niedersachsens, Göttingen 2007, S. 13-26

[10] Lieske, Reinhard: Motive aus Arndts „Wahrem Christentum" in Kirchenausmalungen, in: Otto, Hans; Schneider Hans (Hg.): Frömmigkeit und Theologie, Studien zur Kirchengeschichte Niedersachsens, Göttingen 2007, S. 357 - 421

zur Betrachtung mit Farbe und Pinsel vor Augen gestellt.[11] Diese Illustrationen bei Arndt sind im Stil der Emblematik ausgeführt. Es entwickelt sich so eine geistliche Emblematik. Die geistliche Emblematik will besonders das Herz des Menschen in seiner Beziehung zu Gott ansprechen und zur Umkehr rufen.[12]

3. Emblematische Malerei

Bei den Bemalungen der Emporen - Brüstungen der Hermsdorfer Kirche handelt es sich um emblematische Malereien. Die emblematische Malerei ist eine Kunstform, die durch Bild und Wort unanschauliche Dinge anschaubar machen möchte. Wort und Bild stehen dabei in einem engen Zusammenhang.[13]

Das Wort Emblem bedeutet vom Griechischen her zunächst das Eingesetzte, das Angesetzte und wurde auf alle Arten von Intarsien bezogen.[14] In der Frührenaissance findet es Verwendung in Verbindung mit Hieroglyphen. Später ist es auch Bezeichnung für eine bestimmte Literaturform. Dabei wird auch die nationalsprachliche Begrifflichkeit angewendet wie Sinnbild, Symbol u. a.[15] Bereits im 17. Jahrhundert setzt sich dann aber doch der Begriff des Emblems durch, um die Sache eindeutig bezeichnen zu können und einem je individuellen Verständnis des Begriffs zu wehren.

Modern versteht man unter dem Emblem einen Sachbegriff, „der, an die antike Wortbedeutung anknüpfend, auf den synthetischen Charakter der Kunstform aus den scheinbar unvereinbaren Elementen Wort und Bild hinweist und ausschließlich eine besondere Form bildlich – literärer Gestaltungen bezeichnet.“[16]

Verbreitet wurde das Emblem durch Emblemen - Bücher. Als ältestes gilt das „Emblematum liber“ des Andreas Alciata aus Augsburg von 1531.[17]

Zunächst ist das Emblem Teil der Profankunst. Im 17. und 18. Jahrhundert wandern in diese Kunstrichtung auch religiöse Inhalte ein. Diese Kunstform

---

[11] So auch Lieske, a. a. O., S. 358

[12] Ebd.

[13] Heckscher, William S.; Wirth, Karl – August: Emblem, Emblemenbuch, in: Heydenreich, Ludwig Heinrich; Wirth, Karl – August: Reallexikon zur deutschen Kunstgeschichte Band V, Stuttgart 1967, S. 86

[14] Ebd.

[15] A. a. O., S. 87

[16] Ebd.

[17] Alciati, Andrea: Viri clarissimi D. Andreé Alciati Iurisconsulutiss. Mediola. ad D. Conradum Peutingeru Augustanum, Iurisconsulutum Emblematum liber M. D. XXXI.

kommt in beiden Konfessionen zur Entfaltung. Die protestantische Emblematik nimmt dabei Anregungen Melanchthons auf. Durch die Jesuiten wird diese Kunstform in der Gegenreformation entfaltet. Unterschiede zwischen beiden Konfessionen sind dabei nur geringfügiger Art.

Ein **Emblem** setzt sich aus drei Elementen zusammen. Das erste Element ist das Lemma (Motto, Wahlspruch oder Devise). Dabei handelt es sich um einen kurzen sprichwortartigen Text.[18] Ursprünglich war dieser Text in Latein oder Griechisch abgefasst.

Das zweite Element des Emblems ist das **Bild** (Ikon, Picture, Imago, Sinnbild).[19] Gestalterisch sind kaum Grenzen gesetzt worden, wiewohl es unter den Theoretikern Überlegungen hierfür gab, die sich aber nicht durchsetzten. Das Lemma und das Bild stellten das Rätsel dar.

Das dritte Element ist dazu die Auflösung in Form eines **Epigramms**. Beim Epigramm handelt sich um einen längeren erklärenden Text. Durch diesen Text wird das Rätsel aufgelöst.[20]

Religiöse Emblemata können verschiedene Funktionen und Inhalte haben. Einmal begegnen in ihnen erzählende Bildmotive. Es können auch Allegorien oder Bibelstellen erscheinen. Alle drei werden moralisierend kommentiert.

Das Emblem kann von anderen Formen einer Verbindung von Text und Bild abgegrenzt werden, etwa vom Titulus. Beim Titulus ist das Bild in sich abgeschlossen und wird durch den Text gegenständlich oder interpretierend erklärt. Im Rebus wird das Wort durch ein Bild ersetzt. Daraus ergibt sich ein Rätsel. Durch die Lösung des Rätsels wird die literarische Einheit wieder hergestellt, die durch Einfügung eines Bildes unklar war.[21]

Die emblematische Malerei wurde so an Decken, Emporen – Brüstungen oder Gestühl in Kirchen ausgeführt. Sie finden sich allerdings außer den verschlüsselten Allegorien nicht an Altären.

---

[18] Heckscher, William S.; Wirth, Karl – August: Emblem, S. 87
[19] A. a. O., S. 90
[20] A. a. O., S. 94f.
[21] A. a. O., S. 96f.

Drangen die Emblemata in Dorfkirchen in der Gewandung der bäuerlichen Malerei ein, so wurde für die Texte auch die entsprechende Landessprache verwendet.[22]

Lange Zeit wurde die Erforschung der Emblematik vernachlässigt. Peil[23] sieht in seiner Arbeit Ende der 70 – iger Jahre des 20 Jahrhunderts bezogen auf ihr Auftauchen in der Erbauungsliteratur verschiedene Gründe. So weist er auf einen verengten Literaturbegriff hin und die in der Erbauungsliteratur der Zeit des Barock für heutige Leser spröden und uninteressanten Inhalte. Weiterhin liegen die Erbauungsbücher gegenüber den klassischen Emblemen - Büchern für die kunsthistorische Forschung der Emblematik dieser Zeit mehr am Rande. Die theologischen Betrachtungen dieser Literatur konzentrieren sich mehr auf den Inhalt und weniger auf den Schmuck.[24]

In Hermsdorf selbst fand in den 70 – iger Jahren der Umbau des Kirchengebäudes statt. In diesem Rahmen wurde in der Höhe der ersten Empore eine Decke eingezogen, um auf diese Weise in der so entstandenen unteren Etage Platz für Funktionsräume zu gewinnen. Die Gemeinde sitzt jetzt auf dem Niveau der ersten Empore. Die emblematischen Malereien der zweiten Empore erscheinen nun als erste Empore. Sie sind auf diese Weise gut zu sehen, weil ihnen der Betrachter räumlich näher ist. Die ursprüngliche erste Empore erscheint als eine Brüstung im Raum zwischen dem Mittelschiff und dem Bereich unter der ehemaligen zweiten Empore. Die Malereien der ursprünglichen ersten Empore sind noch erhalten. Sie beinhalten Darstellungen von Aposteln und Propheten. Die Texte unter den Bildern mussten aus technischen Gründen entfernt werden. Auf dem Dachboden der Kirche finden sich nur noch zwei.[25] Die Inhalte dieser Schriften sind durchweg Bibelzitate aus den Büchern der dargestellten Personen.

Im Archiv der Kirchengemeinde befinden sich die Rechnungen aus dem Zeitraum des Neubaus und der Ausmalung der Kirche.[26] Die Rechnungen enthalten keinen Hinweis auf die Konzeption der Malerei. Ebenso finden sich

---

[22] Sachse, Hannelore; Badstüber, Ernst; Neumann, Helga: Christliche Ikonographie in Stichworten, Leipzig 1980, S. 114

[23] Peil, Dietmar: Zur „angewandten Emblematik" in protestantischen Erbauungsbüchern: Dilherr, Arndt, Francisci, Scriver, Heidelberg 1978, S. 8

[24] Ebd.

[25] Das eine ist Jer. 23,5+6. Das andere Hesekiel 34,23. In beiden Texten geht es um das Motiv des Hirten. Sie gehörten ursprünglich unter die Darstellungen der Propheten Jeremia und Hesekiel. Welche das sind, ist heute nur noch schwer auszumachen.

[26] Rechnung

diesbezüglich auch keine Belege in dem Staatsarchiv in Altenburg und dem Archiv der Landeskirche in Eisenach, das die kirchlichen Akten dieses Archivs seit den 60 – iger Jahren des 20. Jahrhunderts beherbergt.[27]

Im Handbuch der deutschen Kunstdenkmäler in der Bearbeitung von 1998 werden die Malereien als „Bildgleichnisse, Sinnsprüche und Szenen aus den Büchern Moses“[28] beschrieben. Lehfeldt beschreibt die Malereien der zweiten Empore in den Bau – und Kunstdenkmälern Thüringens als „sinnbildlich“.[29] Illustrierend werden Bilder beschrieben: „ … auf einem Altar eine aufgeschlagene Bibel mit brennendem Herz, auf welches aus Wolken Strahlen fallen (Unterschrift: Wer fleissig Gottes Wort betracht, desselben Herz Gott brennend macht); ein Ritter mit Schild (darauf: Der Herr ist mein Schild) und Speer verjagt den Teufel (Unterschrift: Weil Gott mein Schild ist und mein Hort, treib ich den Teufel wacker fort); …“.[30] Die Einschätzung der Malereien lautet dann: „Die Bilder sind bis auf das der Geburt handwerklich; die der Empore inhaltlich ganz interessant“.[31]

Diese Beschreibungen sagen jedoch nichts über die Konzeption des Bildprogrammes für die Malereien der zweiten Empore aus, wenn sie lediglich als sinnbildlich charakterisiert werden. Gibt es überhaupt ein durchgehendes Programm für die inhaltliche und formale Abfolge der Bilder?

Die Entdeckung eines Zusammenhanges zwischen den Malereien und einem Werk, das die Vorlage lieferte, ist eher dem Zufall zu verdanken. Pfr. i. R. Dr. Reinhard Lieske nahm wahr, dass die Malereien dieser Empore auf die Kupferstiche in dem Buch von Johann Michael Dilherr: Hertz – und Seelen – Speise, oder emblematische Haus und Reise – Postill von 1663[32] zurückgehen.[33]

---

[27] Entsprechende Recherchen habe ich im Rahmen der Erarbeitung dieser Studie im Herbst 2012 durchgeführt.

[28] Dehio, Georg: Handbuch der deutschen Kunstdenkmäler, bearbeitet von Eißing, Stephanie; Jäger, Franz und anderen Fachkollegen, herausgegeben in Zusammenarbeit mit dem Thüringischen Landesamt für Denkmalpflege, München, Berlin 1998, S. 602

[29] Lehfeldt, Paul: Bau – und Kunstdenkmäler Thüringens, Band II: Herzogthum Sachsen – Altenburg. Westkreis. Aufsichtsbezirke Roda, Kahla, Eisenberg, Jena 1888, S. 221

[30] A. a. O., S. 222

[31] Ebd.

[32] Dilherr, Johann Michael: Hertz – und Seelen – Speise / Oder Emblematische Haus – und Reise – Postill : in welcher Alle Sonn – und Festtägliche Evangelia gründlich erkläret / und der heilsame Nutz / zu Stärckung deß Glaubens / und Besserung deß Lebens / deutlich gezeiget / die ganze Predigt zum Beschluß / auf das allerkürtzeste wiederholet / und mit einem Sinnbild geendet wird. Jtzo zum andermal aufgeleget / und mit vielen neuen Predigten / auch schönen erbaulichen Liedern / auf alle Evangelia vermehret. Nürnberg / In Verlegung Michael und Joh. Fridrich Endter / Im Jahr Christi 1663

Die Stiche sind durch Georg Strauch auf Anregung von Dilherr entworfen worden. So findet sich auf dem Deckblatt des Bandes unten links „G. Strauch Invent". Unten rechts ist die Bemerkung: „J. Sandrart sculp". Invent bedeutet „Erfinder" von Inventor oder Erfindung von inventus.[34] Georg Strauch hat offenbar das Bild erfunden im Sinne der Erstellung eines Entwurfes. Sculp ist offenbar die Abkürzung für sculptura[35] und bedeutet Bildhauerarbeiten. Dieser Begriff bezeichnet hier also den Kupferstecher. Hierbei legt es sich nahe, dass es sich um Joachim von Sandrart (1606 -1688) handelt.[36]

4. Johann Michael Dilherr – Leben und Werk

Johann Michael Dilherr lebte von 1604 bis 1669.[37] Zunächst hatte Dilherr an der Universität in Jena verschiedene Professuren inne und wurde 1640 Nachfolger von Johann Gerhard. 1642 erhielt er eine Berufung als Prediger in Nürnberg und nahm diese Berufung auch an. In Nürnberg waren seine Aufgaben und Funktionen sehr vielgestaltig. Dilherr wurde Direktor des Egidiengymnasiums. An der hochschulähnlichen Einrichtung des Egidianums hatte er die Professur für Theologie, Philologie und Philosophie inne. Die Aufsicht über die Schulen Nürnbergs wurde durch ihn ausgeübt. Nach dem Tod Johann Sauberts wurde er Senior für die Nürnberger Geistlichkeit. Ebenso nahm er die Leitung der Stadtbibliothek in die Hand, um deren Aufbau er sich sehr verdient gemacht hat. Seine Privatbibliothek hatte ein Gewicht von 104 Zentnern und musste beim Umzug von Jena nach Nürnberg auf 14 Pferdewagen verteilt werden.

Neben diesen Aufgaben bemühte sich Dilherr erfolgreich um die Förderung von Musik, Dichtung und bildender Kunst. Insgesamt verfasste Dilherr neben einer Reihe von Programmen, Leichenpredigten und Kirchenliedern 47 lateinische und 79 deutsche Werke. Einige dieser Werke erhielten emblemartige Illustrationen. Es wird vermutet, das bereits Johann Saubert, der Vorgänger Dilherrs in der Funktion des Seniors, in den Jahren 1638/39 emblematische

---

[33] So mitgeteilt in einem Privatbrief von Schmidt, Eberhard aus Göttingen vom 10.09.2012 und bestätigt in einem längeren Telefonat zwischen dem Verfasser der vorliegenden Studie und Lieske, Reinhard am 8.10.2012.

[34] Pertsch, Erich; Lange – Kowal, Ernst – Erwin: Langenscheidts Schulwörterbuch Lateinisch – Deutsch. Deutsch – Lateinisch, Berlin, München, Wien Zürich, New York 1997, S. 221

[35] A. a. O., S. 355

[36] http://www.sandrart.net/de/thema/ am 27.10.2012

[37] Ausführliche Literatur zu seinem Leben bei Peil a. a. O., S. 9, auch zu dem folgenden.

Predigten gehalten hatte. 1652 wurden diese Predigten posthum mit entsprechenden Kupferstichen versehen veröffentlicht.

1641 erscheint ein Buch von Georg Philipp Harsdörffer mit dem Titel: Frauenzimmer Gesprächspiel.[38] Dieses Werk enthält Erörterungen zur Sinnbildkunst und eigene Emblementwürfe. Besondere Beachtung verdienen in diesem Zusammenhang die Geistliche Gemälde im 4. Teil und zwölf Andachts – Gemälde im 6. Teil. Der Bild – Typ des Andachts – Gemäldes findet auch Verwendung in den Hertzbeweglichen Sonntagsandachten. Sie werden auf Dilherrs Anregung veröffentlicht.

Von Harsdörffer stammt die Vorrede zu Dilherrs erstem veröffentlichten Werk mit emblematischen Illustrationen: Frommer Christen Täglicher Geleitsmann.[39] Den in diesem Buch veröffentlichten Emblemen fehlt das Epigramm.[40] Die Auslegung der Bilder, die Funktion des Epigramms ist, wird hier vom fortlaufenden Text übernommen. Im Text erfolgt eine Bildbetrachtung und die Sinnsprüche werden in deutscher Sprache wiedergegeben.[41]

Ein zweites Werk Dilherrs ist: Hertz – und Seelen – Speise. Dabei handelt es sich um eine Sammlung von Predigten Dilherrs zu den Evangelien – Texten der Sonntage des Kirchenjahres. In diesem Werk, so analysiert Peil, verzichtet Dilherr auf „die schwierige und wohl auch sehr gelehrt wirkende achtteilige Form des emblematisch – allegorischen Ensembles zugunsten einer einfacheren Form“.[42]

Da die Kupferstiche dieses Bandes zur Vorlage für die emblematische Malerei der Hermsdorfer Kirche diente, soll auf ihn unten gesondert eingegangen werden.

Diese Sammlung von Predigten muss gut aufgenommen worden sein. Ihr folgen weitere Veröffentlichungen von Dilherr: „Die Augen – und Hertzens – Lust“, eine Sammlung über die Sonntagsevangelien, 1661,[43] „Heilig -

---

[38] Harsdörffer, Georg Philipp: Frauenzimmer Gesprächspiele, Teil 1-8, hg. von Böttcher, Irmgard (Deutsche Neudrucke, Reihe: Barock 13 – 20) Tübingen 1968-1969

[39] Dilherr, Johann Michael: Frommer Christen Täglicher Geleitsmann. Das ist Neuverfasstes Gebets – Lehr – und Trost – Büchlein, Nürnberg 1653

[40] Peil, a. a. O., S. 12

[41] Zu den Einzelheiten siehe ebd.

[42] Peil, a. a. O., S. 16

[43] Dilherr, Johann Michael: Augen – und Hertzens – Lust. Das ist emblematische Fürstellung der Sonn – und Festtäglichen Evangelien; Erstlich / der Inhalt der Evangelien; Zum Anderen / die fürnehmste darinnen enthaltene Lehren; Zum Dritten / ein darauf gerichtetes Gebetlein

Epistolischer Bericht“, eine Sammlung von Epistelerklärungen, 1663.[44] Nach dem Urteil Peils ändern sich die Embleme im Vergleich mit der Hertz – und Seelen - Speise nur unwesentlich.[45] Peil ist im Bezug auf die Gestaltung des Emblems im Wesentlichen zu zustimmen. Differenzierter ist allerdings doch die innere Gliederung zu den einzelnen Predigten zu beurteilen. Das zeigt ein Blick in die Werke.

In der Augen – und Hertzens – Lust ist zunächst nach der Widmung an den Fürsten eine Beschreibung der Bilder angefügt, so dass der Leser sich einen guten Überblick bezüglich der einzelnen Sonn – und Feiertage machen kann. Die Darbietung an den einzelnen Sonntagen folgt dann einem festgefügten Schema. Die Motti befinden sich als Zweizeiler über dem Bild im Rahmen. Die Bilder haben stärker den Bibeltext erzählenden Charakter, sind z. T. aber auch symbolisch in dem Sinne, dass Abstraktes bildhaft sichtbar gemacht wird.

Nach dem Kupferstich wird ein Abschnitt über den Inhalt und Gebrauch des Evangeliums geboten. Dilherr arbeitet hier jeweils die Lehre, die Vermahnung, den Trost und eine Warnung des Evangelientextes heraus. Als nächstes präsentiert er ein Gebetlein und schließlich ein Gesänglein nach einer dem Leser offenbar bekannten Melodie. Die Melodie wird nicht im Notenbild, sondern als Verweis auf das entsprechend bekannte Kirchenlied benannt.

Im Heilig – Epistolischen Bericht wird nach dem Kupferstich mit Sinnspruch im Rahmen und Subskription unter dem Bild der Bibeltext abgedruckt. Dilherr vermerkt in dem Wort an den Leser, dass er noch nie über die Episteln gepredigt habe und sie nun auf mehrfaches Bitten auslegt. Nach dem Bibeltext erfolgt eine paraphrasierende Erklärung. Dem schließt sie dann eine Erörterung über den Nutzen und den Gebrauch der Epistel an. Für Dilherr spielt dabei eine große Rolle, dass die Episteltexte etwas über das Leben als Christ sagen wollen.

Zum Vierten / ein Lied / so auf das Evangelium / und auf das Emblema / oder Sinnbild gerichtet. Zugerichtet von Johann Michael Dilherrn / Predigern bei S. Sebald und Professor in Nürnberg In Verlegung Johann Andreas Endter / und Wolffgang deß Jüngeren Seel. Erben., 1661

[44] Dilherr, Johann Michael: Heilig – Epistolischer Bericht / Licht / Geleit und Freud.
Das ist: emblematische Fürstellung / der Heiligen Sonn – und Festtäglichen / Episteln: In welcher Gründlicher Bericht / von dem rechten Wort – Verstand / ertheilet; Dem wahren Christenthum ein helles Licht furgetragen; und ein sicheres Geleit mit beigefügten Gebethen und Gesängen / zu den himmlischen Freuden gezeichnet wird /
Von Johann Michael Dilherrn / Predigern bei St. Sebald / und Professorn in Nürnberg.
Nürnberg / In Verlegung Johann Andreas Endter / und Wolffgang deß Jüngeren Seel. Erben. Nürnberg 1663

[45] Peil, a. a. O., S. 18

Nutzen und Gebrauch werden entfaltet in Lehre, Warnung und Trost. Dem folgen wieder ein Gebethlein und ein Gesänglein.

5. Bild, Motto, Subskription und Predigt bei Dilherr

Der Band „Hertz – und Seelen – Speise" beginnt mit einem Kupferstich. Im oberen Drittel des Bildes schwebt von rechts nach links ein Engel mit einem Spruchbanner in der Hand. Das Spruchbanner ist als Fahne gestaltet. Die Fahne zeigt den Titel: „Hertz – und Seelenspeise". Darunter ist ein Heerlager zu sehen, mit Menschen, die ganz unterschiedlichen Beschäftigungen nachgehen. Nach dem Titelblatt erfolgt einer Erklärung des Kupfertitels:

„In der Wüsten las das Volck
Man auf / so fiel aus der Wolck /
und damit die Kräfft ersetzte /
so die schwere Reis verletzte.

Unsre Wüsten ist die Welt /
da uns manche Noht befällt ;
ehe die Reise wird vollendet /
und sich unser Jammer wendet.

Nihm indessen neue Krafft /
aus deß Lebens – Wortes Safft :
so wird Hertz und Seel gelabet ;
biß Gott völlig uns begabet."

Neben der zweiten Zeile ist 2. Mose 16,14-15 angegeben, womit ein Bezug zum Manna in die Wüste hergestellt ist. Der Begriff der Reise – Postill des Titels scheint somit nicht nur auf eine Reise im konkreten Sinne bezogen zu sein, sondern versucht das ganze Leben auch als eine Reise zu sehen, wenn Dilherr formuliert: „Unsre Wüsten ist die Welt /da uns manche Noht befällt ; ehe die Reise wird vollendet /und sich unser Jammer wendet".

Dem folgt eine Widmung an den Landesfürsten und eine Vorrede an den christlichen Leser. In der Vorrede an den christlichen Leser begründet Dilherr seine Veröffentlichung damit, dass er von vielen angefragt wurde, dies zu tun, damit seine Predigten auf Reisen oder im Krankheitsfall selbst gelesen werden können. Er kündigt auch an, dass sich in diesem Band zu jedem Evangelium drei Predigten befinden. Zwischen den Zeilen sind auch Auseinandersetzungen mit Kritikern zu spüren. Dilherr geht es dabei um das Seelenheil seiner Leser. Darum ist Dilherr entschlossen, sich von der Veröffentlichung nicht abhalten zu lassen. Dilherr kann betonen, dass durch den Einsatz der Verkündigung in jeder Form der „Atheismus, und die abscheuliche gottvergessene Ruchlosigkeit kräfftiger ausgerottet werden“. In diesem Zusammenhang klagt er dann über die Mühsal, die es bedeutet, den Menschen den wahren Glauben einzupflanzen. Für ihn ist der Glauben das Auge, um Gott schauen zu können. Bei diesem Auge besteht immer die Gefahr, dass es mit Sünde überzogen werden kann. Durch das Zeugnis des Glaubens soll aber besonders auch bei den Gegnern außerhalb der Kirche die Wahrhaftigkeit des Christseins erkennbar werden. Dankend konstatiert Dilherr, dass dieser Ausgabe die Lieder von Sigismund von Bircken beigefügt sind.

Diesem Vorwort an den Leser sind deutliche Bezüge der Gegenwart des Verfassers zu entnehmen. Es geht ihm um eine innige Verkündigung des Glaubens angesichts der in Richtung Atheismus deutenden Erscheinungen des Zeitgeistes.

Dem Vorwort folgen Gebetlein für reisende Personen und Reiselieder.

5. 1 Das Bild

Nach Peils Beobachtung sollte in dem idealtypischen Emblem das Bild in sich selbst zunächst ohne Subskription verstehbar sein.[46] Bei Dilherr entsprechen diesem Kriterium die Embleme, bei denen die Ebene des Bedeutenden und des Bedeuteten deutlich voneinander geschieden sind. Das Bedeutende wird durch das Bild repräsentiert. Das Bedeutete wird durch den Text vergegenwärtigt. So stehen bei diesen Emblemen Bild und Text wie Glieder eines Vergleichs gegenüber.

Im idealtypischen Bild können auch zwei verschiedene emblematische Sachverhalte aufgezeigt werden. Das ist dann der Fall, wenn im Bild etwas dargestellt wird, das einen Vergleich im Text hat, wobei es in dem Text um eine andere Sache geht.

Weiterhin können im Bild selbst auch entgegengesetzte Teile dargestellt sein, etwa bei der pictura zum zweiten Pfingsttag mit dem Motto: „Die Wahrheit liebt

---

[46] So Peil im Rückverweis auf Schöne, Albrecht, bei Pein a. a. O., S. 19

das helle Licht, die Boßheit nach dem Finstern kriecht". Im Bild ist rechts ein sich zur Sonne bewegender Adler zu sehen, links sind Fledermäuse, die zu einer alten Burg hin fliegen.

Häufiger ist bei Dilherr eine allegorische Spielart des Emblems vertreten. Dieser Typ tritt dort auf, wo jeder abstrakte Begriff bildlich sinnfällig gemacht wird. Verstehbar wird es dann erst durch die textliche Erschließung. Den Hintergrund bilden für solche Darstellungen feststehende Bedeutungen bestimmter Bildinhalte (Dornen gleich Leid; Rose gleich Freude; Taube gleich Heiliger Geist; Lamm gleich Christus; Buch gleich Gottes Wort; Herz gleich Seele).[47] Mitunter kann es dabei auch zu Überlagerungen des Bedeutenden und des Bedeuteten kommen.

Neben den idealtypischen und den allegorischen Emblemen tauchen auch Mischformen auf. So treten mitunter Illustrationen von Bibeltexten gleichgewichtig neben emblematische Bildinhalte und werden dadurch so bildbestimmend.

5. 2 Das Motto

In den Predigtsammlungen erscheinen die Motti in unterschiedlichen Ausformungen. Zahlreich sind Imperative oder Imperative mit Aussagesätzen nach der Analyse Peils.[48]

Möglich sind auch Reihungen von kurzen Sätzen oder Wortgruppen. Die Verwendung von Imperativen widerspricht der von Harsdörffer gestellten Forderung, dass die Motti in der ersten oder dritten Person gefasst sein sollen. Peil sieht in der Verwendung beider grammatischer Formen etwas Spezifisches bei Dilherr, was der mahnenden Zuwendung des Predigers in der Predigt an die Gemeinde entspricht.[49] Im Rahmen der Emblematik ist der Anteil des Mottos an der Deutung bei Dilherr relativ groß.[50] So ergeben sich auch mehrere Wechselbeziehungen zwischen Bild und Motto, dass das Bild das Motto deutet oder umgekehrt. Auf diese Weise wird immer auch eine Auslegungsrichtung angedeutet, was im Bild in welcher Weise verstanden werden soll. Nur selten treten Fälle auf, bei denen das Bild nur wiederholend ohne Auslegungsrichtung

---

[47] Peil, a. a. O., S. 21
[48] A. a. O., S. 27
[49] Ebd.
[50] Ebd.

gedeutet wird. In der Tendenz sind die Motti auch ohne Bild verstehbar. Für Dilherr selbst geht es in erster Linie um die Verständlichkeit der Botschaft.[51]

Meines Erachtens geht es ihm immer auch um die Unmittelbarkeit der Anrede an den Betrachter.

5. 3 Die Subskription

Vielfältig ist das Beziehungsgefüge bei Dilherr zwischen dem Emblem und der Subskription, so wie das bereits bei dem Verhältnis zwischen Bild und Motto festzustellen war. Mitunter enthalten die Subskriptionen Initiale, mit denen sie noch einmal Bezug auf das Bild nehmen; an anderen Stellen scheinen sie mehr eine Art Schmuck zu sein. Die Subskriptionen haben nicht nur die Funktion der Erklärung des Emblems, sondern auch die, den Leser zu einem bestimmten Verhalten aufzufordern oder ihn zu ermahnen. Sind die biblischen Texte belehrend, können diese Belehrungen in den Subskriptionen auch wiederholt werden. So wird die Subskription zu einer Art Parallele des Bibeltextes. Mitunter wird in der Subskription aber auch nicht alles ausgelegt, was das Bild veranschaulichen soll.

Immer ist aber der Betrachter auch bei den Subskriptionen mit angesprochen. Auf diese Weise entsteht eine Beziehung zwischen der Perikope, dem Bild und dem Leser.

5. 4 Die Perikope

Die Perikope ist bei Dilherr grundlegend für die Gestaltung der Embleme. Dabei nimmt das Emblem entweder die Intention des Bibeltextes auf oder einen Grundgedanken der Predigt.[52] Die Aussage des Emblems kann aber auch über die Aussage der Perikope hinausgehen. In manchen Emblemen ist auch der gesamte Text der Bibel abgebildet, der der Predigt zu Grunde liegt.[53] Das Bild kann auch aus anderen Bibelstellen entnommen sein, und auf eine Perikope bezogen werden, zu der es keine unmittelbare Beziehung gibt.

Zur Heilung der zehn Aussätzigen (Luk. 17,11-20) am 14. Sonntag nach Trinitatis erscheint zum Beispiel im Bild ein Rabe und eine Taube aus der Arche

---

[51] A. a. O., S. 30
[52] A. a. O., S. 38
[53] A. a. O., S. 39

Noah. Das Motto lautet: „Undank ist der Raben Art: Die der Herr bestrafet hart“.[54]

5. 5 Die Predigt

Die Predigt selbst beginnt entweder mit einer „Vorbereitung“, die aus einer auslegenden Zitierung von Bibeltexten besteht, die eine Nähe zur thematischen Problematik der Perikope haben. Des Weiteren wird auch etwas zur Zielstellung oder zur Gewichtung der Auslegung benannt, worauf in der Auslegung besonderes Augenmerk gelegt wird. Die andere Möglichkeit ist, dass sofort die Perikope abgedruckt ist. Im ersten Falle folgt der „Vorbereitung“ dann die Perikope. Daran schließt sich ein Abschnitt mit der Überschrift „Eingang“ an. Dem „Eingang“ folgt die „Erklärung“, die einzelnen Begriffen des Bibeltextes auslegend nachgeht. In diesem Zusammenhang werden eine Lehre und eine Vermahnung formuliert. In dem „Eingang“ zur Predigt am ersten Advent nennt Dilherr die Arbeitstechnik die methodum supplementum oder Ergänzungs - Lehr – Art[55]. Durch sie soll in der Erklärung das beigefügt werden, was der Kräftigung des Glaubens und der Lehre oder der Besserung des Wandels oder beidem dient. Beides muss man haben, um selig zu werden. Dem Glauben geht es um die Liebe zum Nächsten und um die Busse als Umkehr zu Gott. Beides nimmt aus seiner Sicht den Nächsten und den dreieinigen Gott in den Blick.

Die Erklärung der Schrift erfolgt unter Zuhilfenahme anderer Bibelstellen offenbar nach dem Prinzip, dass sich die Schrift selbst auslegt. Dabei werden Bibeltexte in einer Art zueinander in Beziehung gesetzt, wie das unter heutigen exegetischen Gesichtspunkten nicht in jedem Falle mehr möglich ist, wie es aber dem theologischen Denken des 17. Jahrhunderts entsprach.

Der Auslegung selbst fehlt jeder Bezug zum Bild des vorangestellten Emblems.

Am Ende schließt sich eine kurze Wiederholung der Predigt an. In wenigen Sätzen werden Kernaussagen der Predigt zusammengefasst. Dabei wird am Ende der Erklärung nach einem Emblema oder Sinnbild gefragt, das dann beschrieben wird. Die Beschreibung selbst verbindet einzelne Aussagen der Predigt mit dem Bild und weist auf Dinge des Bildes hin, die beim ersten

---

[54] Ebd.

[55] Dilherr: Hertz – und Seelen – Speise, S. 4

Betrachten nicht in jedem Fall wahrgenommen werden. Ebenso wird der Sinnspruch genannt. Den Abschluss bildet ein Gebet.

Dem schließt sich dann eine Sinnbild – Erklärung in Form von Liedtexten an. Diese Liedtexte präsentieren einzelne Aussagen der Predigt oder Vorgänge, die auf dem Sinnbild in Form eines Reimes dargestellt sind. Auch die in der Predigt zitierten Bibelstellen werden noch einmal aufgenommen und durch Reime vertiefend vor Augen geführt. Die Zielstellung ist dabei auch, den Leser in eine vertiefende Bewegung in seinem Verhältnis zu Gott zu führen.

Der Leser wird durch das Bild mit Spruch und Subskription unmittelbar und ganzheitlich angesprochen. Ihm werden in der oben beschriebenen Weise Bezüge zur Perikope und zu seinem Leben in knapper Form hergestellt. Die Auslegung in der Predigt lässt diese Bezüge zum Bild vermissen, konzentriert sich aber auf die für das Glaubensleben wichtigen Fakten von Lehre, Mahnung oder Trost. Die Wiederholung am Ende mit der Entfaltung des Sinnbildes stellen einerseits die Bezüge zwischen Perikope, Lehre, Bild, dem Leser und seinem Gottesverhältnis her. Es kann in diesem Sinne jeder der so ausgeführten Predigten als ein hochkomplexes Gefüge der Darstellung des Evangeliums und der Hinführung des Lesers in seiner Ganzheitlichkeit gewertet werden.

Die Lehre entspricht dabei der Exaktheit der lutherischen Orthodoxie. Die Ganzheitlichkeit, in der der Leser angesprochen wird, entspricht dem Bestreben des Pietismus, den Menschen in eine innige Beziehung zu Gott zu führen, die auch im Vollzug des Lebens spürbar wird.

Den Menschen in dieser Ganzheitlichkeit heute anzusprechen erfordert ein anderes methodisches Herangehen. Gleichermaßen sind die Vorlagen aus dem Predigtband von Dilherr in den Malereien der Kirche in Hermsdorf auch strukturell variiert worden, was für die Zeit der Ausmahlung nicht ungewöhnlich ist.[56]

---

[56] Siehe hierzu den Beitrag von Lieske, Reinhard: Motive aus Arndts „Wahrem Christentum" in Kirchenausmalungen, in: Otto, Hans; Schneider Hans (Hg.): Frömmigkeit und Theologie, Studien zur Kirchengeschichte Niedersachsens, Göttingen 2007, S. 357 - 421

6. Die Ausführung der Emporenmalerei in der Kirche St. Salvator in Hermsdorf

Die Bilder an der Empore in der Kirche in Hermsdorf sind gegenüber der Vorlage aus Dilherrs Hertz – und Seelenspeise verändert. Das Motto, das auf den Kupferstichen in Dilherrs Predigtsammlung als Spruchband im Bild erscheint, ist in Hermsdorf als Spruch unter das Gemälde gesetzt worden. Die Malerei selbst ist eine Ton – in Ton Malerei in vorwiegend Blau und Grautönen. Die Bilder sind als Medaillon gestaltet. Die Medaillons werden von einem Ring gerahmt. Um diesen Ring ist Blattwerk gemalt. Je ein dreifach gefingertes weinlaubartig gezacktes Blatt umgreift mit zwei „Fingern" den Ring von hintern. Sie umschlingen den Ring und legen sich nach außen in die Fläche um den Ring. Der mittlere Finger füllt jeweils die Ecken des Emporenfeldes aus. Der Farbton um die Medaillons ist in Ocker-, Gelb - und Brauntönen gehalten und vermittelt dem Betrachter den Eindruck eines goldfarbenen Hintergrundes. Die Ausführungen der Malereien verleihen dem Dargestellten eine ausgesprochen große Plastizität.

Die Bilder selbst sind teilweise nicht so differenziert und feingliedrig wie die Kupferstichvorlagen. Dies ist einerseits der Tatsache geschuldet, dass mit Pinsel und Farbe nicht so detailreich gearbeitet werden konnte. Von den Vorlagen ist z. T. nur das Zentrum des Bildes übernommen, auf das es in der Aussage vornehmlich ankommt. Andererseits befanden sich die Malereien auf der ursprünglichen zweiten Empore. Sie mussten also vom Betrachter in beträchtlicher Höhe noch erkennbar sein und die Schrift entsprechend lesbar.

Die Subskription oder das Epilemma fehlt den Bildern. Das ursprüngliche Motto stellt jetzt die Bildunterschrift als Sinnspruch dar. Dieser freie Umgang mit den Vorlagen entspricht der Kunst des Emblems selbst, das immer auch variiert, verändert, ergänzt oder gekürzt worden ist. Das zeigen Studien zur Entwicklung der Emblematik und Sinnbildkunst.[57]

Der Betrachter wird vor allem durch das Bild selbst angesprochen und zum Verweilen eingeladen. Die Sprüche unter den Bildern wirken in der Zusammenschau mit dem Dargestellten einerseits rätselhaft, andererseits vermitteln sie eine Lösung. Hinter manchen der Sinnsprüche und hinter

---

[57] Höpel, Ingrid: Emblem und Sinnbild: vom Kunstbuch zum Erbauungsbuch, Frankfurt 1987, S. 224ff. Die freie Gestaltung und der schöpferische Umgang mit den Emblemen ist auch in einen Telefonat zwischen dem Verfasser und Reinhard Lieske am 9.10.2012 bestätigt worden.

manchen der Bilder sind die biblischen Texte zu ahnen. Da die Subskription fehlt, entsteht für die Interpretation der einzelnen Bilder eine neue Offenheit im Bezug auf ihr Verständnis. Diese Offenheit ergibt sich im Hinblick auf die zugrundeliegenden Bibeltexte. Zum anderen ergibt sich eine Offenheit im Hinblick auf das Gesamtverständnis des Sinngehaltes in dem Ineinander von Bild, Spruch und Bibeltext.

6. 1 Die liturgische Anordnung der Bilder

Die Reihenfolge dem Kirchenjahr entsprechend beginnt mit dem Blick zum Altar vorn links. Das erste Bild mit dem Spruch: „Wie ein Weib uns hat verletzet, so hat uns ein Weib ergötzet“ ist das Gemälde, das dem ersten Christtag zugeordnet ist. Es fehlen Bilder für den Advent. Hingegen sind Bilder für besondere Tage vorhanden, die gottesdienstlich und liturgisch heute so nicht mehr begangen werden. Das betrifft den Gedenktag an das Martyrium des Stephanus, das am 26.12.,[58] und den Tag der Verkündigung an Maria, der am 25. 3.[59] gefeiert wird. Auffällig ist dass es für Gründonnerstag und Karfreitag und die Tage der Karwoche keine Bilder gibt. Insgesamt musste wahrscheinlich eine Auswahl getroffen werden, denn von den 83 Kupferstichen bei Dilherr sind nur zweiunddreißig in der Kirchenmalerei zur Umsetzung gekommen.

Allerdings gibt es zwei Bilder für Ostern[60] und Pfingsten.[61] Der letzte Sonntag nach Epiphanias ist dargestellt, der, unabhängig, wie viele Sonntage nach Epiphanias gefeiert werden, immer begangen wird. Der Altjahresabend fehlt sowohl bei Dilherr als auch in der Kirche. Neujahr wird vor allem als Gedenktag an die Beschneidung Jesu angeboten. Der Aspekt des Beginns eines neuen Jahres ist ein Nebenakzent. Weiterhin fehlen Gemälde für Feste, wie der Buss – und Bettag, oder der Ewigkeitssonntag. Das hat seinen Grund darin, dass der Ewigkeitssonntag in der Profilierung des Gedenkens an das Jüngste Gericht und an die Verstorbenen des ablaufenden Kirchenjahres zur Zeit der Ausmalung so noch nicht begangen wurde.[62]

---

[58] Der Sinnspruch: „Ich euch alle schützen solt, aber ihr habt nicht gewollt“.
[59] Der Sinnspruch: „Durch Kraft des Höchsten schwanger wird die Jungfrau und den Herrn gebiert“.
[60] Sinnspruch: „Die wieder grünend Blum uns lehrt, wie Tod in Leben werd verkehrt“, auf dem Kupferstich bei Dilherr: „Der wieder lebend Wurm uns lehrt …“
Für den anderen Ostertag: „Wer fleißig Gottes Wort betracht, desselben Herz Gott brennend macht“.
[61] Sinnspruch: „Leb also das Gott selbst begehr, dein Herz zur Wohnung seiner Ehr“ und: „Die Wahrheit liebt das helle Licht, die Boßheit nach dem finstern kriecht“
[62] Siehe dazu Bieritz, Karl – Heinrich: Das Kirchenjahr, München 2005, S. 179f.

Soll in der heutigen Zeit das Unterfangen in Angriff genommen werden, die Bilder der Empore mit ihrer Sinndeutung und biblischen Fundierung für ein Kirchenjahr zur Grundlage der Predigten werden zu lassen, machen sich einige geringfügige Umstellungen in der Reihenfolge für die Predigten nötig, die theologischer und liturgischer Begründung und Verantwortung bedürfen.

6. 2 Die Bilder heute predigen

6. 2. 1 Die Umstellung auf Grund des Kirchenjahres und der Perikopenreihe

6. 2. 1. 1 Erster Sonntag im Advent

Die Bildangebote für die Adventszeit von den Kupferstichen Dilherrs fehlen in der Emporenbemalung der Kirche. Ein adventliches Thema ist aber in der Darstellung für den ersten Sonntag nach Epiphanias enthalten. Der Sinnspruch lautet: „Wenn du mich findst an keinem Ort, so suche mich in meinem Wort". Das Gemälde selbst und auch der Kupferstich bieten in dem aufgeschlagenen Buch des Jesus – Knaben einen biblischen Bezug an, indem Joh. 5,39 zitiert wird: „Ihr sucht mich in der Schrift, denn ihr meint, ihr habt das ewige Leben darin; und sie ist´s, die von mir zeugt". In der Perikopenordnung des 18. Jahrhunderts stand die zwölfjährige Jesus im Tempel im Mittelpunkt des ersten Sonntages nach Epiphanias. Unsere heutige Leseordnung profiliert den ersten Sonntag nach Epiphanias durch das Gedächtnis der Taufe Jesu.[63]

Dieses Bild kann aber in den Mittelpunkt des ersten Sonntages im Advent gestellt werden. Die inhaltliche Intention wäre dann, dass Christus durch sein Wort zu uns kommt. Das ist gerade dann wichtig, wenn Menschen die Erfahrung machen müssen, dass sie Gott in ihrem Leben an keinem Ort finden.

6. 2. 1. 2 Vierter Sonntag im Advent

Der vierte Sonntag im Advent hat nach unserer Strukturierung heute „das Gepräge eines evangelischen `Marientages`".[64] Gleichwohl gibt es im Gottesdienstbuch auch ein Angebot für eine Feier der Ankündigung der Geburt

---

[63] Evangelisches Gottesdienstbuch, S. 274
[64] A. a. O., S. 683

Jesu,[65] die in der normalen Gemeindepraxis aber keine Umsetzung findet. Aus diesem Grunde ist es naheliegend, das Bild, das ursprünglich diesem Tag zugeordnet war, am vierten Sonntag im Advent zu betrachten und seine Botschaft zu predigen.[66]

6. 2. 1. 3 Weihnachten

6. 2. 1. 3. 1 Erster Weihnachtsfeiertag

Für den ersten Weihnachtsfeiertag ist das erste Emporenbild bestimmt. Eva und Maria sind einander gegenüber gestellt. Das bietet heute eine interessante Herausforderung, da die biblische Grundlegung bei Dilherr 1. Mose 3, 15[67] bildet, das theologisch sehr plakativ auf dem Hintergrund der Sicht des Sündenfalls ausgelegt wird, wie er in der Orthodoxie gesehen wurde. Aus heutiger Sicht wird sich eine andere theologische Profilierung ergeben, da sich die Erkenntnisse sowohl über die Perikope aus der Genesis als auch über die Person der Maria verändert haben. Gleichermaßen wird auch die Problematik der Erbsünde vom Menschen des beginnenden 21. Jahrhunderts anders erlebt und erfahren.

6. 2. 1. 3. 2 Zweiter Weihnachtsfeiertag

Traditionell ist der 26.12. der Gedenktag an das Martyrium des Stephanus.[68] Das zweite Emporenbild ist diesem Tag zugeordnet. In der Regel wird in der kirchlichen Gemeindewirklichkeit dieser Tag nicht begangen, sondern hat seine Profilierung durch den Prolog des Johannesevangeliums und die Thematik von Licht und Finsternis. Diese Thematik erscheint bei den Emporenbildern bei dem Gemälde für den zweiten Pfingsttag mit dem Sinnspruch: „Die Wahrheit liebt das helle Licht, die Boßheit nach dem finstern kriecht“ mit der biblischen Fundierung in Joh. 3, 16 – 21, was in der Lesereihe III der Christvesper[69] zugeordnet ist, thematisch aber in der Nähe des zweiten Christtages steht und da gepredigt werden soll.

---

[65] A. a. O., S. 426
[66] Sinnspruch: „Durch Kraft des Höchsten schwanger wird, die Jungfrau und den Herrn gebiert“.
[67] Dilherr: Hertz – und Seelen – Speise, S. 64
[68] Gottesdienstbuch, S. 416
[69] Gottesdienstbuch, S. 252

6. 2. 1. 4 Neujahr

Der Altjahresabend ist in den Bildern und auch in der Predigtreihe bei Dilherr nicht bedacht. Das Gemälde für Neujahr stellt die Beschneidung Jesu in den Mittelpunkt entsprechend auch der heute möglichen Profilierung dieses Tages.[70] Dabei muss die innere Beschneidung des Herzens auf Grund der entsprechenden Brieftexte des Neuen Testaments hermeneutisch für heutige Gottesdienstbesucher entfaltet werden.

6. 2. 1. 5 Epiphanias

Bei Epiphanias legt das Bild mit dem Spruch eine allegorische Auslegung der Geschenke der Magier nahe, die exegetisch so nicht gesichert ist, wohl aber in der Auslegungsgeschichte des Textes eine Tradition bis hin zum Verständnis Luthers über diese Frage hat. Hier bedarf es homiletischer und theologischer Sensibilität, um dem Text und dem heutigen Hörer gerecht zu werden.

6. 2. 1. 6 Letzter Sonntag nach Epiphanias

Die Thematik der Verklärung erfährt eine eschatologisch futurische Auslegung durch das Subskriptum, das der Ausgabe bei Dilherr beigegeben ist. Eine so starke Fixierung muss für heutige Predigthörer nicht erfolgen. Der Sinnspruch lautet: „Auf harte Müh folgt sanfte Ruh und noch die Himmels - Kron darzu". Dieser Sinnspruch lässt auch an andere Texte denken, die die Krone des Lebens thematisieren und in denen der Aspekt vorkommt, dass das Leben auch eine Dimension von Kampf darstellt. Aus diesem Grunde bieten sich auch Texte an, wie 2. Tim. 4,8; 1. Petr. 5,4 oder Jak. 1,12, deren Metaphorik sowohl vom Kampf als auch von der Krone des Lebens in alltagspraktischer Deutung für das Leben bedacht werden soll.

Die angebotenen Bilder der Vorfastenzeit und der Fastenzeit sind den Sonntagen so zu belassen.

6. 2. 1. 7 Ein Sonntag der Vorfastenzeit oder Passionszeit

Der biblische Bezug der Bildtafel für den Märtyrer Stephanus mit dem Sinnspruch: „Ich euch alle schützen solt, aber ihr habt nicht gewollt" begegnet

---

[70] Gottesdienstbuch, S. 422

uns als Marginaltext für den Sonntag Estomihi,[71] so dass dieses Bild mit seiner Botschaft in der Vorfastenzeit oder an einem Sonntag der Passion entfaltet werden kann.

6. 2. 1. 8 Karfreitag

Ein spezielles Bild für Karfreitag fehlt. Der Kupferstich aus der Predigtsammlung Dilherrs ist in der Malerei der Kirche nicht zur Umsetzung gebracht worden. Der Stellenwert des Karfreitages ist für die heutige Gemeinde im Vollzug sehr hoch. Das Bild, was in der Kirche vorhanden ist und anregt, das Anliegen des Karfreitages zu bedenken ist das, was bei Dilherr dem Sonntag vor der Fastenzeit, Estomihi, zugedacht ist mit dem Spruch: „Die Lection von Kreutzes – Stand ist der Vernunft sehr unbekannd“. In dem Beziehungsgefüge von Bild und Spruch kann durchaus die Anstößigkeit, ja die Torheit des Kreuzes und des Todes Jesu auf der Grundlage von 1. Kor. 1, 18 bedacht und entfaltet werden.

6. 2. 1. 9 Ostern und Ewigkeitssonntag

Für Ostern selbst sind durch die Malereien auf der Empore zwei Bilder angeboten, aber keins für den Ewigkeitssonntag, der zur Zeit der Ausmahlung in unserer Weise auch nicht begangen wurde. Für Ostern selbst bietet es sich an über die Erfahrung der Jünger nachzudenken, die nach Emmaus gingen. Hierzu ist das Gemälde mit dem Spruch: „Wer fleißig Gottes Wort betracht, desselben Herz Gott brennet macht“.

Das Bild für den ersten Ostertag bietet sich für den Ewigkeitssonntag an, weil die Auferstehung Jesu selbst die Grundlage des Trostes für das Gedenken an die Verstorbenen ist.

6. 2. 1. 10 Erntedankfest

Sowohl bei Dilherr als auch in den Malereien der Kirche fehlt explizit ein bildliches Angebot für das Erntedankfest. Inhaltlich bietet das Gemälde, was bei Dilherr dem siebenten Sonntag nach Trinitatis zugedacht ist ein Nachdenken über die Frage nach Nahrung, Schöpfung und Dankbarkeit an. Der Sinnspruch lautet: „Soll dir die Nahrung gehen fort, so ruft Gott an und hör sein Wort“.

---

[71] Perikopenbuch mit Lektionar, herausgegeben von der Lutherischen Liturgischen Konferenz Deutschlands, Hannover 2001, S. 162

6. 2. 2 Die Ausführung der Predigten

Der Betrachter fühlt sich durch das Bild selbst angesprochen. Das Bild kann somit als Einstieg der Predigten dienen. Die Bilder sind mitunter Gesprächsgegenstand der Gottesdienstteilnehmer, die das eine besonders mögen oder das andere verständnislos ablehnen. In den Bildern kommt teilweise das Bemühen zum Ausdruck, die Botschaft der Bibel und des Glaubens in die Gegenwart des Betrachters zu stellen. Es ist natürlich die Welt der Betrachter aus der Zeit der Ausmalung. Gleichwohl bietet diese Intention immer eine Anknüpfung, diese Unmittelbarkeit heute zur Sprache zu bringen.

Entweder führt bereits das Bild zu einem biblischen Text oder der Text scheint in der Beziehung zwischen Sinnspruch und Bild auf. Der Sinnspruch, das ursprüngliche Motto, kann entweder als roter Faden, wiederholende Zusammenfassung oder aber auch als ein Text genutzt werden, dessen Inhalt neu gedeutet werden muss. Diese Notwendigkeit des Neuverstehens ergibt sich daraus, dass die Vorlagen bei Dilherr in der Aussage dem theologischen Erkenntnisstand des Barock entsprechen. Manches kann heute so nicht mehr gesagt werden. Anderes muss korrigierend mit einem neuen Sinn erfüllt werden, so dass die gemeinte Botschaft für den heutigen Menschen vernehmbar wird.

Folglich muss die Predigt sich in dieser Weise an Bild und Text abarbeiten, um die ursprüngliche Botschaft der Bibel für heutige Menschen zu Gehör zu bringen. Das kann mitunter auch eine Predigt gegen das Bild und den Spruch, nie jedoch gegen den Bibeltext bedeuten.

In diesem Prozess der Auseinandersetzung fließen automatisch zeitanalytische Fakten aus der Welt der Hörer ein. Auf diese Weise wird der Wirklichkeitsbezug zu heute aufgezeigt.

Diese Bewegung der Predigt entspricht damit wieder der ursprünglichen Intention des Emblems. Sie besteht darin, den Menschen ganzheitlich durch das Bild anzusprechen. Das Emblem möchte in der Rätselhaftigkeit herausfordern. Und es will die Betroffenheit des Betrachters erreichen, was es für ihn heißt, Christ zu sein und den Glauben zu leben. In veränderter Weise kommt damit auch das Anliegen der Predigtkonzeption Dilherrs selbst zum Tragen, der die Komplexität der Ganzheitlichkeit auf seine Weise und für seine Zeit versucht hat.

7. Predigten

7.1 Er kommt in seinem Wort zu uns: 1. Sonntag im Advent

(Gehalten am 2.12.1012)[72]

Wenn du mich findst an keinem Ort, so suche mich in meinem Wort.

Text im Bild: Ihr sucht in der Schrift, denn ihr meint, ihr habt das ewige Leben darin; und sie ist´s, die von mir zeugt. (Joh. 5, 39)

---

[72] Die Angabe der Daten, an denen die Predigten in den gottesdienstlichen Feiern gehalten wurden, beziehen sich auf die realen Daten. Sie sind nicht in jedem Falle mit dem Namen des entsprechenden Sonntages identisch, weil es auf Grund dienstlicher Erfordernisse geringfügige Verschiebungen gegeben hat.

Liebe Gemeinde,

ein neues Kirchenjahr hat begonnen. Wir feiern den 1. Advent. Im Mittelpunkt des ersten Adventes steht immer der Einzug Jesu in Jerusalem. Wir haben diese Begebenheit in der Lesung des Evangeliums gehört. Dieses Ereignis lädt dazu ein, dass wir uns fragen: „Wie kommt Jesus zu uns?“ Nicht: „Wie ist er nach Jerusalem gekommen? Wie kommt er heute zu uns?“ Die Adventslieder erzählen davon, dass er in unser Herz kommt, wenn wir es für ihn öffnen.

Menschen sind immer wieder auf der Suche nach Gott und seiner Gegenwart in ihrem Leben. Mitunter erleben wir schwere Situationen und schwere Abschnitte in unserem Leben. Wir Menschen haben dann das Gefühl, dass Gott abwesend ist. Diese Abwesenheit Gottes kann ganz unterschiedlich sein. Es kann die Erfahrung einer Krankheit sein; der Abschied von einem Menschen, sei es durch den Tod oder durch den Abbruch von Beziehungen aus anderen Gründen. Vielleicht ist über einen Menschen auch die Unsicherheit der beruflichen Zukunft hereingebrochen. Er weiß nicht, ob und wie lange der Betrieb ihn noch anstellen kann, in dem er arbeitet. Würden wir in einen Austausch darüber eintreten, würden wir uns unsere Erfahrungen von der Abwesenheit Gottes in unseren je eigenen und individuellen Fassungen erzählen.

Wo ist nun Gott in solchen Erfahrungen?

Das Bild unserer Emporenmalerei, das ich diesem Sonntag zugeordnet habe, gibt auf diese Frage eine ungewöhnliche und doch wieder recht simple Antwort. Dieses Bild ist auf den ersten Blick unadventlich. Es sind keine Tannenzweige zu sehen und keine Kerzen. Den Adventskranz gab es zu der Zeit, als dieses Bild entstand auch noch nicht. Es atmet auch keinen Plätzchenduft und keinen Glühweingeruch. Es zeigt ein aufgeschlagenes Buch. Dieses Buch wird von einer Gestalt gehalten. Nur der Kopf und die Füße sind zu sehen. Das Buch bedeckt und verdeckt den gesamten Körper. Das Gewicht des Buches scheint für die Gestalt wiederum keine Bedeutung zu haben. Die Person hält dieses Buch mit den Händen von oben her. Die Hände umgreifen den Buchblock von oben. Bei den Größenverhältnissen und den vermuteten Gewichten von Buch und Gestalt müsste man vermuten, dass sie das Buch von unten her umgreifen und stützen müssten. Diese kleinen Hände halten das ganze Gewicht. Man möchte Angst bekommen, dass das Buch aus den Händen rutscht. Aber nichts dergleichen deutet sich an. Die Szene erinnert an die Last, die leicht ist. Von ihr sagt Jesus, dass wir sie tragen sollen, um Ruhe für unsere Seele zu finden.

Die Gestalt steht in einer Landschaft, die hier bei uns sein könnte. Links ein mit einem Baum bewachsener Berg. Rechts ein freier Blick in eine Landschaft mit etwas unklar zu erkennenden Gebäuden; einer Siedlung vielleicht. Mir fällt auch auf, dass die Darstellung von Hell- und Dunkeleffekten durchzogen ist. Der Himmel in der Mitte über dem Haupt ist dunkel. Der Ausblick nach rechts scheint durch die Farbgebung der Wolken Helligkeit auszudrücken.

Die Landschaft scheint die Wechselhaftigkeit des Lebens zu spiegeln: die Helligkeiten und die Dunkelheiten, das Schöne und das Schwere.

Wo ist Gott in diesem Auf und Ab des Lebens? Wie kommt er zu uns, wenn wir jetzt seinen Advent, seine Ankunft feiern? Der Inhalt des Spruches unter dem Bild ist simpel und anspruchsvoll zugleich: „Wenn du mich findst an keinem Ort, so suche mich in meinem Wort“. Der Text auf der aufgeschlagenen Buchseite führt uns zur biblischen Grundlegung dieses Spruches: „Ihr sucht in der Schrift, denn ihr meint, ihr habt das ewige Leben darin; und sie ist´s, die von mir zeugt“ (Joh. 5, 39).

Nach der den Malereien zugrunde liegenden Konzeption der Haus – und Reisepostille von Johann Michael Dilherr ist dieses Bild dem ersten Sonntag nach Epiphanias zugeordnet. Das Epigramm bei Dilherr gibt auch Aufschluss über die biblische Begebenheit, die an diesem Tag betrachtet wurde: Der zwölfjährige Jesus im Tempel. Ich betrachte dieses Bild mit Ihnen heute, weil es einerseits etwas sehr Programmatisches über unser Verhältnis zum Wort Gottes sagt. Zum anderen würden wir am 1. Sonntag nach Epiphanias die Taufe Jesu betrachten und nicht den zwölfjährigen Jesus im Tempel. Das Epigramm lautet:

„Jesus / mit den Eltern gehend auf das Fest / verloren wird:
Dritter Tag / find: Ihn im Tempel. Tugend seine Jugend ziert.
In dem Tempel / in der Bibel / suche dieses Gottes – Kind:
Gottes Buch / ist seine Wiege; Sprüche seine Windel sind“.[73]

Das Epigramm enträtselt uns die Gestalt als den jugendlichen Jesus. Er weist hin auf seine Gegenwart in seinem Wort mit dem Text des aufgeschlagenen Buches aus dem Johannesevangelium.

Johannes, der Evangelist, erzählt im 5. Kap. seines Evangeliums von der Heilung des Kranken am Teiche Bethesta. Diese Heilung vollzog Jesus an einem Sabbat. Das durfte nach der Ansicht des Judentums seiner Zeit nicht sein. Es durfte an einem Sabbat nicht geheilt werden, weil das gegen die Auslegung der

---

[73] Dilherr, S. 145

10 Gebote der Zeit Jesu verstieß. Die Folge ist nun, dass es zu einem Streitgespräch zwischen Jesus und seinen Gegnern kommt. In diesem Streitgespräch stellen die Gegner die göttliche Autorität von Jesus in Frage. Jesus beruft sich dabei aber auf die heilige Schrift. Sie gibt Zeugnis von ihm. Seine Gegner beziehen sich auch auf die Schrift. Sie verstehen sie aber anders. In diesem anderen Verständnis schauen sie aber immer auch an der Offenbarung Gottes in Jesus gewissermaßen vorbei. Jesus bestätigt ihnen mit diesem Satz in seinem Sinne, dass er in der Schrift bezeugt ist: „Ihr sucht in der Schrift, denn ihr meint, ihr habt das ewige Leben darin; und sie ist´s, die von mir zeugt". Johann Michael Dilherr fasst diese Wahrheit in dem Satz zusammen: Wenn du mich findst an keinem Ort, so suche mich in meinem Wort.

In diesem Satz ist eine Veränderung. Er spricht den Betrachter des Bildes in dieser Kirche in seiner Lebenssituation direkt an.

Wenn du mich, Mensch, an keinem Ort findest. Wir haben den Eindruck, dass wir Gott an keinem Ort finden, wenn es uns nicht gut geht. In all den Situationen, die ich eingangs nannte: Krankheit, Tod, wirtschaftliche Unsicherheit, Schicksalsschläge. Der Eindruck der Abwesenheit Gottes entsteht in solchen Situationen immer dadurch, dass wir den Leiderfahrungen des Lebens in dem Moment, in denen wir sie erfahren und erleiden keinen Sinn abgewinnen können. Wenn wir keinen Sinn in ihnen sehen, haben wir immer auch den Eindruck, dass Gott nicht da ist. Wenn wir Gott nun an keinem Ort finden, sollen wir ihn in seinem Wort suchen. Sein Wort kann sich uns sehr unterschiedlich mitteilen.

Das kann ein hilfreiches Gespräch sein, in dem in der Unterhaltung plötzlich etwas Tröstliches gesagt wird. Es verändert die Situation nicht, aber es hilft mir, mit der Situation anders umzugehen. In diesem Tröstlichen kann sich auch eine Kräftigung erweisen. Es ändert die Situation nicht, aber es verändert mich.

Gottes Wort kann uns im Gebet erreichen. Es gibt Situationen in denen Gespräche irgendwann nicht mehr helfen. Die Sacht ist nach allen Seiten gewendet worden. Jetzt ist es sinnvoll, in die Stille zu gehen. Es ist immer sinnvoll alle möglichen Sorgen und Fragen auch mit Gott selbst zu besprechen. Gottes Stimme ist in der Stille hörbar, wenn wir innerlich zur Ruhe kommen. Dabei kann uns eine Kerze helfen, die wir anzünden und auf den Tisch stellen. In die Flamme zu blicken hilft zur Ruhe zu finden. Schaffen Sie sich Räume solcher Stille in ihrem Alltag.

Gottes Wort kann uns in den Erfahrungen erreichen, die uns die Bibel überliefert. Die Erfahrungen, die Menschen da aufgeschrieben haben sind Erfahrungen mit Gott, der im Alltag nahe ist. Gott handelt in der Geschichte. Die zentralste Offenbarung Gottes in der Geschichte ist die Befreiung des Volkes Israel aus Ägypten. Die tiefste Selbstmitteilung Gottes in der Geschichte ist das Sterben Jesu am Kreuz. Gott begibt sich in die äußerste menschliche Verlassenheit, die nur möglich ist. Darum ist seine Gegenwart auch verkennbar, wenn wir den Eindruck haben, er sei abwesend, und wir würden ihn an keinem Ort finden. Lassen Sie sich darum immer daran erinnern: Wenn wir Gott scheinbar nicht finden, in seinem Wort finden wir ihn als den im Leiden und den Schicksalsschlägen nahen Gott. Möglich, dass wir ihn je und dann nicht spüren. Das ist dann unser Eindruck. Tatsache ist etwas Anderes.

Mögen Sie so in dieser Weise einen tröstlichen Advent feiern. Gott kommt in seinem Wort zu uns: in dem tröstenden und ermutigenden Wort eines Gespräches, in der Stille des Gebetes und in den Erfahrungen der Bibel.

Hier in Hermsdorf feiern wir immer auch am 1. Advent die Erinnerung an die Einweihung dieses Kirchengebäudes. Dass genau das gesagt wird, dass Gott zu uns kommt, dafür ist dieses Haus gebaut. In diesem Sinne einen gesegneten Advent.

Amen.

Predigtlied: Gott sei Dank durch alle Welt, EG 12,1-4

Fürbittengebet

Herr, wir danken dir für dein Wort. In ihm bist du da. Für diese Gewissheit danken wir dir. Wir bitten dich für alle Menschen, die dein Wort nicht kennen. Lass dich von ihnen finden und zieh in ihren Herzen ein. Wir rufen zu dir:

Gemeinde: Herr, erbarme dich!

Herr, wir danken dir für dein Wort. Dein Wort hören wir, wenn wir im Gespräch mit unserem Nächsten etwas Tröstliches oder Ermutigendes erfahren. Dann spüren wir, dass du da bist.

Wir bitten dich für die Menschen, die einsam sind und sich nach Trost und Ermutigung sehnen: Die Flüchtlinge und die unschuldig Gefangenen und

Gefolterten, die Kranken und die, die ihnen zu helfen versuchen, und die Kinder, die in den Elendsvierteln der Großstädte auf der Straße leben müssen.
Lass dich von ihnen finden und zieh in ihren Herzen ein. Wir rufen zu dir:

Gemeinde: Herr, erbarme dich!

Herr, wir danken dir für dein Wort. Dein Wort hören wir in der Stille. Schenke uns immer wieder Momente des Innehaltens und Auftankens in den vielen Herausforderungen des Lebens und dieser Zeit.
Wir bitten dich für die, die nicht mehr zur Ruhe finden, weil sie überlastet sind und den inneren Halt verloren haben. Wir bitten dich für die, die meinen, dass sie nicht mehr gebraucht werden, weil sie keine Arbeit haben. Schenke ihnen Momente der Stille zur Selbsterkenntnis. Lass dich von ihnen finden und zieh in ihren Herzen ein. Wir rufen zu dir:

Gemeinde: Herr, erbarme dich!

Wir danken dir für dein Wort. Dein Wort vernehmen wir in den Worten der Bibel. Lass uns aufmerksam sein für die Erfahrungen, die uns überliefert sind. Mache sie uns immer wieder durchschaubar für unser eigenes Leben, dass wir dich in der Gegenwart erkennen.
Wir bitten dich für alle, die von den Schlägen des Schicksals durch Krankheit, Tod und Sinnlosigkeit heimgesucht sind. Lass dich von ihnen finden und zieh in ihren Herzen ein. Wir rufen zu dir:

Gemeinde: Herr, erbarme dich!

Wir danken dir für dein Wort. In ihm bist du so vielfältig bei uns und deiner Kirche. Wir bitten dich für die Neugetauften des letzten Kirchenjahres, dass sie aus deinem Wort und deiner Gegenwart immer wieder leben können. Lass sie so zu Zeuginnen und Zeugen deiner Gegenwart werden.
Erneuere so deine Kirche, für die dieses Gebäude ein Symbol ist. Und beginne mit der Erneuerung durch dein Wort bei uns. Zieh in unsere Herzen ein.

Vater unser …

7.2 Wie Maria für Gott verfügbar sein: 4. Sonntag im Advent

(Gehalten am 23. 12. 2012)

Durch Kraft des Höchsten schwanger wird, die Jungfrau und den Herrn gebiert.

Liebe Gemeinde,
diese Bild führt uns an ein Wasser. Im Hintergrund sehen wir eine Landschaft. Da ist eine Siedlung an dem gegenüberliegenden Ufer des Gewässers. Links von der Siedlung steht ein Baum. Er wirkt wie ein Schutz, in dem die Häuser sich bergen können.

Die Landschaft selbst ist nicht aus dieser Gegend des Holzlandes hier. Der Künstler dachte vermutlich an eine andere Gegend. Die Landschaft scheint uns eher an die Flüsse in der nahen Umgebung zu führen – ich denke an Saale und Unstrut – oder auch Flusslandschaften im mitteldeutschen Raum.

Im Vordergrund liegen Muscheln. Seitdem in unseren Tagen das Pilgern wieder in Mode gekommen ist, verbinden viele Menschen mit der Muschel das Pilgern. Jemand pilgert. Er ist unterwegs, betend und meditierend, um an einen besonderen Ort zu gehen. Das kann ein besonderer Gnadenort sein, an dem eine Reliquie verehrt wird oder ein besonderes meist visionäres Ereignis. Solche Orte können auch die Gräber von Heiligen sein wie etwa das Grab des Apostels Jakobus. Hier in Deutschland liegt der nachgewählte Apostel Matthias in Trier begraben.

Eine der Muscheln hat eine Perle in sich. Sie ist noch geschlossen. Die Perle leuchtet aber sehr hell. Seit dem Mittelalter und in der Malerei der Renaissance und des Barock ist die Muschel ein Symbol für Maria. Prägend für die Kunst ist dabei eine Schrift der Antike. Ihr Name ist: Physiologus.[74] In ihm werden frühchristliche Tiersymbole beschrieben. Es beansprucht also nicht moderne Erkenntnisse der Zoologie wieder zu geben. In diesem Büchlein gibt es einen Abschnitt über den Achat und die Perle. Der Text erzählt davon, dass die Perlenfischer die Perlen durch den Achatstein finden. Sie binden ihn an eine Schnur. Der Stein zieht sich zur Perle und rührt sich nicht vom Fleck. An diesen Punkten können die Taucher dann die Perle aus der Muschel holen. Die Theorie über die Entstehung der Perle besagt in diesem Büchlein, dass die Muschel in den frühen Morgenstunden aus dem Meer steigt. Dann öffnet sie ihren Mund und empfängt durch den Tau, den Strahl der Sonne und des Mondes und der Sterne und bringt so die Perle aus den Lichtern von oben hervor.

Interessant bei dieser Sicht ist, dass die Perle gewissermaßen den Morgentau und das Licht der Sonne und der Sterne in sich vereint. Eine sehr sinnfällige und schöne Sicht, dass sich in der Perle gewissermaßen etwas Überirdisches materialisiert.

---

[74] Treu, Ursula (Hg.): Physiologus, frühchristliche Tiersymbolik, Berlin 1981

In einem zweiten Abschnitt wird die Entstehung der Perlen für den Bereich des Roten Meeres auch damit erklärt, dass bei einem Gewitter der Blitz in die offenen Münder der Muscheln schlägt, und sie sich daraufhin erschrocken schließen. Der Blitz dreht sich um die beiden Augenäpfel der Muschel und macht aus ihnen die Perlen. Die Muscheln selbst gehen mit Kummer zugrunde, aber die Perlen leuchten. Die Menschen können so zu ihnen gehen und sie aus dem Wasser holen.

Dieser Vorgang dient als Denkfigur für die Empfängnis Jesu in dem Leib der Maria. An dieser Stelle zitiere ich den Physiologus: „Wie dort in dieser Weise Perlen gemacht werden, so auch in der hochheiligen unbefleckten Maria, die von allem Schmutz rein war. Denn der göttliche Blitz aus dem Himmel, der Sohn und Logos Gottes, ist in die ganz reine Muschel, die Gottesgebärerin Maria, eingegangen, eine überaus kostbare Perle ist aus ihr geworden, worüber geschrieben steht: ´Sie hat die Perle, den Christus, aus dem göttlichen Blitz geboren.´ Und verständig ist der Kaufmann, der alles verkauft, was er hat, und die wahrhafte Perle kauft, das ist Christus“.[75]

Die Unterschrift des Bildes fasst diesen Zusammenhang ganz kurz zusammen: „Durch Kraft des Höchsten schwanger wird, die Jungfrau und den Herrn gebiert“. Die Muschel ist das Symbol für Maria, die Perle ist das Symbol für Christus.

Dieses Bild ist in der Reihenfolge der Konzeption dieser Kirche auf den Tag der Empfängnis gedacht, der am 25. März begangen wird. Offenbar ist er in der Zeit der Ausmalung der Kirche so auch begangen worden. Wir gedenken der Ankündigung der Geburt Jesu am 4. Advent. Darum also dieses Bild heute.

Das Epigramm der Kupferstichvorlage unterstreicht dies. Es lautet bei Dilherr:
„Gottes Sohn / ein Mensch – Kind wird / und durch Geistes Kraft eingehet in Marien Jungfrau – Leib / die durch glauben ihn empfähet.
willst du Jesum auch empfangen: halt dich keusch un Perlen – rein;
greif nach ihm / mit Glaubens – armen: Demut geb dir schlechten Schein“.[76]

Es ist eine für uns in Vergessenheit geratene Art, die Ankündigung der Geburt Jesu in dieser Symbolik zu sehen und zu denken. Vom biblischen Text und der modernen Erforschung wissen wir, dass die Rede von der Jungfrau ein in der griechischen Antike gängiges sprachliches Bild war, um die Besonderheit des Kindes auszudrücken. Darum nimmt der Evangelist Lukas dieses Bild für die

---

[75] Treu, Ursula (Hg.): Physiologus, frühchristliche Tiersymbolik, Berlin 1981, S. 86
[76] Dilherr, S. 1060

Leser seines Evangeliums besonders auf. Die Rede von der Jungfrau ist also keine medizinische Aussage über die Mutter, sondern eine staunende Aussage über das Kind.

In der Hervorhebung des Kindes treffen sich der biblische Text und diese symbolische Darstellung mit Muschel und Perle. In Christus ist Gott selbst gegenwärtig. Im Vergleich von Christus mit der Perle meditiert dieses Bild, dass in Christus alles Himmlische im Irdischen bei uns ist: das Licht, die Energie des Blitzes, die Zartheit des Morgentaus, der ganz rein ist, der nicht zu halten ist, sondern in der aufgehenden Sonne schon wieder verdunstet.

Das Symbol von Muschel und Perle hat die Altvorderen, so wird das in dem Text des Physiologus deutlich, noch auf etwas anderes hingewiesen. Die Perle ist Symbol für Christus. Jesus selbst verwendete es als Vergleich für das Reich Gottes. So lesen wir in Mat. 13,45f.: „Wiederum gleicht das Himmelreich einem Kaufmann, der gute Perlen suchte, und als er eine kostbare Perle fand, ging er hin und verkaufte alles, was er hatte, und kaufte sie“.

Das Symbol der Perle will auch uns einladen, dass wir uns für die Sache Jesu so hinzugeben, wie es der Kaufmann tut. Der Kaufmann verkauft seinen Besitz, um diese eine Perle zu erwerben. Gewissermaßen steckt in diesem Symbol auch die Einladung an uns, unser Leben in all seinen Bezügen für die Sache Gottes zur Verfügung zu stellen. Auf diese Weise, indem wir nach seinem Willen leben und nach seinem Reich in dieser Welt trachten und suchen, kommt Christus in diese Welt. Sein Reich wird dort real, wo Menschen einander als Schwestern und Brüder erkennen und nicht achtlos aneinander vorbeigehen. Sein Reich wird dort real, wo wir eintreten für die Gerechtigkeit, die das Recht eines jeden einzelnen im Blick hat. Vielleicht wehren wir diesen Gedanken manchmal resigniert ab. Wir meinen, dass wir in dieser Welt doch nichts tun könnten. Doch, wir können! Wir können uns Zeit nehmen, wenn die eigenen Kinder mit jemanden über ihre Sorgen sprechen müssen. Wir können uns Zeit nehmen, wenn die Bekannte über die Erkrankung des Ehemannes oder den Tod des alten Vaters reden muss. Wir können uns Zeit nehmen, wenn der Nachbar Hilfe bei der Pflasterung des Hofes braucht aber im Moment mit orthopädischen Problemen zu tun hat und manche Handgriffe nur unter Mühen hinbekommt.

Wir können etwas tun in dem unmittelbaren Umfeld unseres Lebens, damit Christus durch Tröstung und Mitmenschlichkeit gegenwärtig wird. Sicher werden die unschuldig Gefangenen in den Diktaturen dieser Erde noch nicht befreit und die Hungernden in den fernen Teilen der Welt nicht satt. Aber in unserem

Wirkungskreis wird jemand befreit von der Gefangenschaft in sich selbst und seiner Einsamkeit. Und sein Hunger nach Trost wird gestillt. Das ist der Anfang des Reiches Gottes unter uns. Und es wäre doch gelacht, wenn wir nicht Wege finden auch die zu unterstützen, die etwas für die Gerechtigkeit im Großen tun.

Darin werden wir nicht nur dem Menschen aus dem Gleichnis Jesu ähnlich, der sich für den Erwerb einer kostbaren Perle einsetzt. Wir werden auch Maria ähnlich, die ihre Existenz zur Verfügung stellt, damit Christus in die Welt kommt.

Die Symbole auf diesem Bild sind die Muschel und die Perle. Muschel und Perle sind in eine Landschaft hinein gemalt, die unsere Gegenwart ist. Wir können etwas tun, damit Christus gegenwärtig wird.

Die Muschel auf dem Bild ist noch geschlossen. Die Perle erkennen wir in ihrer ganzen Schönheit und Größe noch nicht. Es ist ja auch noch nicht so weit. Wir sind heute noch im Advent. Das Öffnen der Muschel feiern wir morgen, wenn wir Weihnachten feiern.

Das Kommen des Gottessohnes feiern wir ein Leben lang, wenn wir uns zu der Bereitschaft einladen lassen, für ihn in dieser Welt Raum zu schaffen. Darum wird auf diesem Bild die Muschel morgen weiterhin geschlossen bleiben. Aber in unserer Realität können wir etwas tun, dass die Perle Gottes unter uns real wird.

In dem Lied, das wir jetzt singen, begegnet uns ein anderes Symbol für Maria: das Schiff. Wie ein Schiff eine teure Last bringt, so bringt Maria den Sohn Gottes zu uns. Amen.

Predigtlied: Es kommt ein Schiff geladen, EG Nr. 8,1-6

Fürbittengebet

Gott, wir danken dir dafür, dass du immer wieder Menschen berufst, die deinen Willen in besonderer Weise tun. So hast du Maria ausgewählt, dass sie deinen Sohn in die Welt bringt. Du hast so unsere menschliche Gestalt angenommen. Du zeigst uns in Christus, dass du da bist.

Wir bitten dich für alle, die deine Gegenwart nicht spüren. Lass dich von ihnen finden. Wir rufen zu dir:

Gemeine: Herr, erbarme dich!

Gott, wir danken dir dafür, dass du immer wieder Menschen berufst, die deinen Willen in besonderer Weise tun. Auch für uns hast du eine Berufung und einen

Auftrag. Schenke uns immer wieder die Offenheit und Aufmerksamkeit für deinen Willen in unserem Alltag, so wie Maria für dich offen war. Wir rufen zu dir:

Gemeinde: Herr, erbarme dich!

Gott, wir danken dir dafür, dass du immer wieder Menschen berufst, die deinen Willen in besonderer Weise tun. So denken wir an die Verantwortlichen in Politik und Wirtschaft, die von dir her den Auftrag haben, für das Wohl der ihnen anvertrauten Menschen zu sorgen. Schenke ihnen immer wieder die Einsicht in deinen Willen. Schaffe durch sie Gerechtigkeit und Frieden in der Welt. Wir rufen zu dir:

Gemeine: Herr, erbarme dich!

Gott, wir danken dir dafür, dass du immer wieder Menschen berufst, die deinen Willen in besonderer Weise tun. Wir denken an die Kranken und die, die ihnen helfen. Segne alles Forschen und ermutige alle Helfenden, dass sie das rechte Maß der Liebe und der Tapferkeit haben, Menschen in allen Phasen der Krankheit zu begleiten. Wir rufen zu dir:

Gemeinde: Herr, erbarme dich!

Vater unser…

7.3 Eva und Maria als Lehrmeisterinnen: 1. Christtag

(Gehalten am 25.12.2012)

Wie ein Weib uns hat verletzet, so hat uns ein Weib ergötzet.

Liebe Gemeinde,
wir schauen auf dem Bild, das wir heute betrachten in den Stall von Bethlehem. Ihre rechte Hand hat Maria an ihr Herz gelegt. Sie kniet vor der Krippe. Das Kind liegt auf Stroh gebettet. Mit dem Daumen der linken Hand der Maria spielt der kleine Jesusknabe. Dahinter vor einer Raufe Ochs und Esel, von denen wir aus der Weihnachtsgeschichte des Lukas übrigens nichts wissen. Ochs und Esel sind auf Grund einer anderen Bibelstelle an die Krippe gekommen. So lesen wir nämlich bei dem Propheten Jesaja im 1. Kapitel gleich in Vers 3: „Ein Ochse kennt seinen Herrn und ein Esel die Krippe seines Herrn, aber Israel kennt´s nicht, und mein Volk versteht´s nicht". Jesaja sagt das im Rahmen einer sehr harten Kritik am Volk Israel, das in seiner Zeit die Gebote und Gott selbst verlassen hat. Er will damit sagen: Ochse und Esel wissen wo sie hingehören und was für sie gilt. Das Volk, das das Wort Gottes selbst hat, weiß es nicht.

Diese assoziative Verbindung mit der Krippe hat sehr früh dafür gesorgt, dass in der christlichen Kunst Ochse und Esel bei der Krippe in den Weihnachtsgeschichten dargestellt wurden. Die Szene im Stall ist idyllisch. Sie hat etwas Verspieltes, etwas Ergötzliches an sich. Betrachtend möchte man hier lange verweilen.

Das Bild ist gegliedert durch eine Trennlinie, eine Mauer. Diese Mauer sorgt dafür, dass wir uns als Betrachter auf der Innenseite des Stalls von Bethlehem wahrnehmen. Sie ist aber offen für die andere Hälfte, weil sie nicht bis zur vorderen Bildkante vorgezogen ist. Man kann in dem Bild um diese Mauer herumlaufen. Vor der Mauer befindet sich der Baum der Erkenntnis mit der Schlange. Davor steht Eva. Sie ist entblößt dargestellt, nur mit einem Lendenschurz bekleidet. Die übrigen Formen wirken weniger weiblich. Ist sie gewissermaßen auf einem vorpubertären Stadium in ihrer körperlichen Entwicklung gedacht?

Die Unterschrift des Bildes stellt beide Frauen sehr konfrontativ gegenüber: „Wie ein Weib uns hat verletzet, so hat uns ein Weib ergötzet".

Das Epigramm bei Dilherr lautet:

„Gottes Sohn / zu Bethlehem / wird in Armut Mensch geboren.
Engel solches künden an / mit Gesang / den Hirten – ohren.
Der Marien – sohn bringt wieder / was uns Eva hat geraubt.
lieb und lob diß kleine Kindlein / aller Frommen grosses Haupt".[77]

---

[77] Dilherr. S. 62

1. Eva und Maria stehen in der Spannung von Erbsünde und Erlösung gegenüber.

In diesem Bild ist in dieser Gegenüberstellung ein typisches Empfinden der Frömmigkeit aus der Zeit der Entstehung dieses Bildes dargestellt. Die Denkfigur dahinter sagt: Eva hat auf die Schlange gehört. Sie hat von dem Baum der Erkenntnis gegessen und damit die Sünde in die Welt gebracht. Diese Sünde wirkt unter den Menschen bis heute. Das wird erfahren an der Schmerzhaftigkeit der Geburt eines Kindes, an der Mühsal der Arbeit und letztlich auch durch die Erfahrung des Todes. Wir sind in diese Sündenschuld unmittelbar verwickelt und hineingenommen. Das ist für uns das Verletzende.

Maria hingegen bringt Jesus in die Welt. Wir hatten das vorgestern in der Symbolik der Muschel und der Perle betrachtet. Mit Jesus bringt sie den Erlöser. Das ist die Rettung aus dieser Sündenschuld. Das ist für uns als Betrachter das Ergötzliche. Das Ergötzliche ist damit nicht nur die verspielte Idylle, sondern vor allem die ergötzende Erlösung und Befreiung von der Schuld.

Bei mir ruft diese Pauschalisierung Widerspruch hervor. Ist Eva nur schlecht? Und ist Maria diejenige, die so über Eva steht? Wo sind die Männer? Wo ist Adam und wo ist Josef? Ich möchte uns deshalb noch einmal einladen Eva in den Blick zu nehmen. Und ich möchte versuchen Eva von dem biblischen Text zu verstehen, der von ihr erzählt. Im Anschluss möchte ich dann noch einmal auf Maria blicken.

2. Eva als Lehrmeisterin, dass Entscheidungen Folgen haben

Eva befindet sich mit Adam im Paradies. Sie ist vom biblischen Befund her nicht eine Einzelfigur, sondern repräsentiert die Gebärende. So ist auch Adam nicht ein Einzelner. Adam kommt von Adama. Das ist im Hebräischen der Ackerboden. Adam ist vom Ackerboden genommen, wohin er zurückkehren wird. Und er repräsentierte damit die ganze Menschheit in der Einheit mit Eva. Beide repräsentieren uns. Es gibt bis heute Menschen mit der Begabung des Gebärens. Wir alle werden, was unsere Körperlichkeit betrifft, eines Tages zur Adama zurückkehren.

Von zwei Bäumen sollen die Menschen nicht essen: dem Baum der Erkenntnis über das Gute und das Böse und vom Baum des Lebens. Der Grund: Sie würden sterben, wenn sie das tun. Die Schlange tritt mit der Halbwahrheit an die Menschheit heran, dass sie von keinem Baum des Paradiesgartens essen dürfte. Das wäre doch so. Dass der Versucher, die Schlange, mit Halbwahrheiten arbeitet, ist bis heute so. „Ich habe doch Frau Müller neulich mit einem fremden Mann im

Mühltal oder im Zeitzgrund spazieren gehen sehen. Na, hat die einen anderen Verehrer?". Schon ist die Halbwahrheit zur ganzen Lüge geworden, weil Menschen unfähig sind, nach der tatsächlichen Wahrheit zu fragen. Eva als unsere Repräsentantin rückt die Halbwahrheit noch zurecht: „Von dem Bäumen dürfen wir essen, nur von zweien nicht, weil wir sonst sterben müssen". „So schnell stirbt sich´s nicht", ist die Antwort, der Versucherin. Dann sind die Früchte plötzlich verlockend anzusehen. Eva greift nach ihr. Sie hat nicht die Fähigkeit danach zu fragen, was Gott nun wirklich gesagt hat. Adam isst auch von der Frucht. Beide haben eine Entscheidung getroffen. Sie sterben wirklich nicht. Darin hat die Schlange recht. Beide haben auch eine neue Selbstwahrnehmung. Sie erkennen, dass sie nackt sind. Das ist auch nicht schlimm. Schlimm ist aber, dass sie zu dieser Erkenntnis nicht stehen können. Sie verstecken sich plötzlich. Beide leben. Und zu beiden sucht Gott Kontakt, als er in Form der Abendkühle im Garten spazieren geht. „Wo bist du, Adam?", fragt er. Die einzige Ehrlichkeit, die die Menschheit jetzt hat, ist, dass Adam sagt: „Ich bin nackt, darum versteckte ich mich". Als Gott nach der Ursache dieser Erkenntnis fragt, heißt die Antwort nicht: „Ich habe von dem Baum der Erkenntnis gegessen, aber die Folgen kommen mir so merkwürdig vor. Ich weiß nicht, wie man mit Nacktheit umgeht". Sondern: „Die Frau, die du mir gabst, gab mir zu essen". So wälzt dann einer die Schuld auf den anderen ab. Das ist ein Vorgang bis heute.

Weiterführender wäre es, zu einer Entscheidung zu stehen. Gott ist offenbar nicht wie ein unsichtbarer Spitzel im Garten gegenwärtig, sonst müsste er nicht fragen wo Adam ist. Und er ist offen, die Menschen in den Folgen ihrer Entscheidungen zu begleiten. Sonst hätte er ihnen keine Felle gemacht und wäre mit ihnen nicht aus dem Garten Eden in die gebrochene Welt mitgegangen. Das Problem ist, dass wir Menschen nicht zu den Folgen unserer Entscheidungen stehen können. Wir machen dann immer andere verantwortlich.

Würde Eva die Geschichte noch einmal zurückdrehen können, würde sie uns sagen: „Steht zu den Folgen eurer Entscheidungen vor Gott ohne Angst. Er liebt euch, und er wird euch begleiten, auch wenn ihr nicht alles überblicken könnt".

Bleiben wir Menschen uns selbst ausgeliefert und unseren Ängsten, so verletzen wir uns immer wieder mit Unzufriedenheit und Schuldzuweisungen. Insofern verletzen wir uns immer wieder selbst. Eva hat uns verletzt. Letztlich ist aber sie nicht die Ursache. Eva reagiert nur so, wie wir in unserer Unerlöstheit reagieren. Sie möchte aber unsere Lehrmeisterin sein, zu den Folgen unserer Entscheidungen angstfrei und voller Vertrauen zu Gott zu stehen. Bei Gott gibt es immer einen Weg.

3. Maria als Lehrmeisterin, dass Christus immer neu verstanden werden muss

Maria ist auch nicht besser dran als wir. Sie kann die Zukunft nicht berechnen. Sie kann nicht wissen, welchen Verlauf das Leben nimmt. Als ihr die Geburt Jesu angekündigt wird, wird Gabriel ihr ausführlich erklären, was es mit dem Kind auf sich hat. Als Jesus geboren wurde im Stall von Bethlehem ist es nicht Maria, die die Hirten belehrt und sagt: „Schaut her, hier liegt das Heil der Welt in der Krippe. Er ist in Windeln gewickelt und ist einer von euch. Er wird den Thron seines Vaters David erben und ein Reich aufrichten für alle Ewigkeit. Denn in diesem Kind ist der Erlöser der Welt gekommen“. Nein, Maria sagt das nicht. Die Hirten sagen ihr, was dieses Kind bedeutet. Und Maria behielt alle diese Worte und bewegte sie in ihrem Herzen.

Als Jesus 12 Jahre alt ist, und die Familie zum Passahfest nach Jerusalem zieht, bleibt Jesus dann im Tempel, als sie nach Hause wollen. Maria und Joseph suchen ihn überall. Als sie ihn im Tempel finden und zur Rede stellen antwortet Jesus in der Coolness eines Zwölfjährigen: „Warum habt ihr mich denn gesucht. Es ist doch klar, dass ich in dem Hause meines Vater bin“. Zunächst verstehen die Eltern die Worte Jesu nicht. Wieder heißt es: „Maria behielt alle die Worte in ihrem Herzen“. Ist das nicht unglaublich sympathisch, dass es Maria nicht besser geht als uns im Bezug auf das Verstehen und Erkennen Gottes. Sie bringt den Erlöser in die Welt aber versteht nicht, was um sie herum vor sich geht. Kennen Sie das?

Das, womit Maria uns ergötzt ist nicht nur, dass sie den Erlöser in die Welt bringt, sondern dass sie uns einlädt, auf dem Weg der Erkenntnis Gottes und seines Erlösers Schritt für Schritt voranzugehen. Dieser Prozess dauert an, solange wir leben. Das war bei Maria auch so. Man möchte sich fast an sie wenden, wenn wir mit bestimmten Entscheidungen des Lebens nicht weiter wissen. Sie ist die erste, die das Problem versteht. Unsere katholischen Schwestern und Brüder haben sich dieses unmittelbare Verhältnis zu Maria durch die Zeit hindurch bewahrt.

Beide Teile tragen wir in uns: Eva und Maria. Manchmal verletzen wir uns selbst, weil wir Angst haben, zu den Folgen unserer Entscheidungen zu sehen. Manchmal merken wir, dass wir noch viel lernen müssen, damit Christus durch uns in der Welt real wird, wie Maria, die ihn in die Welt bringt. Manchmal erkennen wir Christus in unserem Leben ganz klar und können solche Momente doch nicht festhalten. Mögen wir uns gegenseitig stärken auf diesem Weg, damit Christus in dieser Welt Raum gewinnt. Auf diese Weise wird diese Welt zur Weihnachtswelt, wenn wir selbst zu Christus hin wachsen. Und möge sich für uns der Segen Gottes für dieses Weihnachtsfest durch den Blick auf Eva und Maria entfalten. Eva, die uns den Mut und die Tapferkeit lehren möchte, die Folgen unserer Entscheidungen anzunehmen. Maria, die den Erlöser in die Welt bringt, aber immer noch lernen muss, was um sie herum passiert. Frohe Weihnachten. Amen.

Predigtlied: Ich steh an deiner Krippe hier, EG 37,1-3+5+9

Fürbittengebet

Wir danken dir, Gott, für die Geburt deines Sohnes. In ihm bist du mit uns in diese Welt gegangen mit ihren Unvollkommenheiten, Rätseln und Fragen. Öffne uns die Augen unserer Seele immer wieder neu für deine Gegenwart. Wir rufen zu dir:

Gemeinde: Herr, erbarme dich!

Wir denken an die Menschen, die ohne Orientierung für ihr Leben sind. Lass dich von ihnen finden als Grund der Existenz, als ruhenden Pol in der Unruhe der Zeit und Halt in den Stürmen des Lebens. Wir rufen zu dir:

Gemeinde: Herr, erbarme dich!

Wir denken an die kranken Menschen. Begegnen ihnen heilend und richte sie auf. Stärke die, die ihnen zu helfen versuchen. Lass sie immer wieder erfahren, dass deine Möglichkeiten an den Grenzen der Gesundheit noch lange nicht zu Ende sind. Wir rufen zu dir:

Gemeinde: Herr, erbarme dich!

Wir bitten dich für die Mächtigen in dieser Welt. Leite sie auf den Weg der Wahrhaftigkeit vor sich selbst und vor dir, damit sie tun, was verantwortbar ist und deinem Willen entspricht, damit Frieden gelingt und Gerechtigkeit wächst. Wir rufen zu dir:

Gemeinde: Herr, erbarme dich!

Für uns selbst bitten wir dich: Lass uns in dir geborgen sein und in dir Festigkeit gewinnen, damit wir gestärkt sind in den Stürmen und Unbilden des Lebens. Alles, was unser Herz bewegt schwingt mit, wenn wir beten, wie dein Sohn es uns gelehrt hat:

Vater unser …

7.4 Christus leuchtet uns zu unserer Selbstbestimmung heim: 2. Christtag

(Gehalten am 26.12.2012)

Die Wahrheit liebt das helle Licht, die Boßheit nach dem finstern kriegt (kriecht).

Lesung: Joh. 3,16-21

Liebe Gemeinde,

der Sinnspruch unseres Bildes, das wir heute betrachten, sagt es kurz und knapp: „Die Wahrheit liebt das helle Licht, die Boßheit nach dem finstern kriegt.“ Kriegt scheint dabei nicht im Sinne von kriegen als „kämpfen“ verstanden zu sein. So ist es deutlicher auf der Kupferstichvorlage aus der Reise und Hauspostill von Dilherr zu lesen. Dort steht „kriecht“. In dieser Predigtsammlung ist das das Bild für den 2. Pfingsttag. Die Thematik, die hinter dem Bild steht passt aber auch gut zum 2. Christtag, der von der Spannung zwischen Licht und Finsternis geprägt ist.

So sagt es Johannes sinngemäß: Gott liebt die Welt so sehr, dass er seinen eingeborenen Sohn sendet, damit wir gerettet werden und nicht gerichtet. Das Gericht ist aber dies, dass das Licht in die Welt kam, und die Menschen liebten die Finsternis mehr als das Licht, weil die Werke böse waren. Wer Böses tut, hasst das Licht. Er ist lichtscheu, weil seine bösen Werke dann ans Licht kommen. Und wer die Wahrheit tut, kommt an das Licht, damit offenbar wird, dass diese Werke der Wahrheit in Gott getan sind. Im Anfang des Johannesevangeliums lesen wir von Christus, dass er das wahre Licht ist, das in die Welt kommen soll, damit die Menschen erleuchtet werden (Joh.1, 9).

Die Aussage ist weihnachtlich, auch wenn Maria und Joseph nicht vorkommen. Wir sehen nichts vom Tannenbaum oder sonst irgendwelchen europäischen Formen unserer Art Weihnachten zu feiern. Dennoch machen der Text, der Spruch und das Bild etwas zutiefst Weihnachtliches deutlich. Wir sind eingeladen, Weihnachten als Fest des Lichtes, der Erleuchtung und der Erhellung zu betrachten.

Dazu möchte ich Sie zu drei Schritten einladen:

1. Gott sendet seinen Sohn zur Rettung von unserer Selbstentfremdung
2. In ihm ist das Licht – und er ist das Licht
3. Die Wahrheit sucht das Licht, und das Böse meidet das Licht.

1. Gott sendet seinen Sohn zur Rettung von unserer Selbstentfremdung

So formuliert Johannes einen seiner weihnachtlichen Sätze: „So hat Gott die Welt geliebt, dass er seinen eingeborenen Sohn gab, damit alle, die an ihn glauben, nicht verloren werden, sondern das ewige Leben haben“.

Der Sohn ist die Weihnachtsgabe Gottes für uns. Das Grundwort der Originalsprache des Johannes beinhaltet auch diese Bedeutung von schenken, geben und Gabe. Christus ist die Gabe Gottes für uns.

Nun ist das mit Geschenken zu Weihnachten so eine Sache. Was haben wir von dieser Gabe? Johannes sagt: das ewige Leben. In dieser Gabe schenkt Gott sich uns selbst. Wir sollen in allen Umständen und unter allen Umständen die Gewissheit haben, dass Gott da ist. Das ewige Leben beginnt nicht erst nach dem Tod. Es ist jetzt in vollem Gange, wenn wir mit Gott in einer aktiven Beziehung leben. Deshalb kommt Gott zu uns. Und zwar kommt er in den Formen menschlicher Begrenzungen zu uns. Er ist sicher da, wenn es uns gut geht. Und Gott ist auch da, wenn es uns schlecht geht. Gott ist da, wenn wir an den Rand des Lebens geraten. An den Rand des Lebens geraten wird, wenn wir krank werden, wenn die Kräfte im Alter nachlassen, wenn sich Defizite einstellen und Beziehungen zerbrechen. Warum das so ist, ist eins der Geheimnisse dieser Welt. Und genau in dieses Geheimnis der Begrenzung des Lebens kommt Gott durch die Gabe seines Sohnes. In seinem Sohn geht er selbst an die Grenze im Tod am Kreuz.

Gott selbst braucht das eigentlich nicht. Aber er schenkt sich uns, weil er weiß, dass wir es brauchen. Er lässt uns nicht in den Grenzen unserer Existenz stecken, sondern führt uns darüber hinaus.

In dieser Beziehung zu Gott liegt die Bestimmung unseres Lebens. Egal, wer wir sind und was wir tun, welchen Beruf wir haben oder welchen Bildungsgrad; egal wie gut oder schlecht unsere Begabungen sind; unsere Seele ist immer bezogen auf Gott als einem ruhenden Pol. Und sie ist auf Gott als dem Urgrund allen Seins bezogen. Das ist die letzte Bestimmung unseres Selbst, unsere Selbstbestimmung. Das Problem ist, dass wir immer wieder aus dieser Selbstbestimmung heraus driften. Das liegt an den Realitäten des Lebens. Das liegt an den schicksalhaften Verwirrungen, die nicht zu durchschauen sind, jedenfalls nicht, während wir sie durchleben. Auf diese Weise werden wir unserem Selbst immer wieder fremd. Darum kann Johannes sagen: Gott tut das nicht, um uns zu richten. Er will uns nicht verurteilen oder verdammen. Er will uns von unserer Selbstentfremdung retten, damit wir uns in unserer Selbstbestimmung wahrnehmen. Wir sind bezogen auf Gott – egal wie es uns geht. Erkennen und durchschauen wir das immer? Wenn ich auf meine persönlichen Anfechtungen und Zweifel schaue, muss ich eindeutig sagen: Nein. Darum:

2. In Christus ist das Licht, er selbst ist das Licht

Christus selbst ist das Licht. Er möchte uns erleuchten, vor allem unsere Lebensfinsternisse und unser Herz. Er möchte uns gewissermaßen heimleuchten. Die Redeweise vom heimleuchten kommt ja aus der Zeit als es noch keine elektrische Straßenbeleuchtung gab und keine Gaslaternen. Da war es so, wenn man Gäste eingeladen hatte, und sie in der Dunkelheit dann nach Hause gingen, schickte man einen Diener mit einer Laterne mit, damit er den Gästen heimleuchtete. Wir verwenden dieses Sprichwort eher in dem negativen Sinne, dass wir jemandem gehörig die Meinung sagen, wenn wir ihm heimleuchten. So war der ursprüngliche Zusammenhang aber nicht. Der war positiv. Er hieß: Jemanden durch die Dunkelheit helfen, dass er den richtigen Weg findet. So will Christus uns heimleuchten, in den dunkelsten Dunkelheiten des Lebens.

Wo das Licht der Erleuchtung aufscheint fallen Schatten. Diese Schatten fallen bei anderen, und sie fallen auch bei uns selbst. Ich möchte uns jetzt einladen, besonders auf uns zu schauen. Schauen sie nicht auf die Schatten, die sie bei anderen wahrnehmen. Schauen sie bitte auf ihre eigenen Schatten mit ihrem inneren Auge. Und schauen sie auf das Bild unter dem dritten Aspekt:

3. Die Wahrheit sucht das Licht, und die Bosheit meidet das Licht.

Christus sagt, dass mit seinem Kommen die Menschen nicht nur das Licht der Orientierung in den Lebensdunkelheiten haben. Mit seinem Licht kommt auch eine Scheidung. Es wird offensichtlich, ob die Menschen das Licht und damit ihn lieben oder nur sich selbst, und damit die Finsternis. Das ist bei der Frage unseres Handelns eine Frage nach dem Motiv und nach dem Ziel. Tue ich Gutes, um bei Anderen gut da zu stehen? Oder tue ich Gutes, weil ich in dem anderen Christus erkenne und meine Liebe zu ihm ausdrücken will? In dem anderen Christus zu erkennen führt zur Arglosigkeit und zur uneigennützigen Selbstlosigkeit. Der Maler des Bildes mit dem Spruch hat die lichtliebende Wahrheit in Form einer Taube dargestellt, die der Sonne entgegenfliegt. Die Taube hat als Symbol eine Nähe zur Taube als Zeichen des Heiligen Geistes. So sehen wir dieses Symbol im Pfingstbild über der Orgel wieder. Diese Wahrheit in der Verbindung zu Reinheit und Liebe hat damit eine Nähe zum Wesen Gottes selbst.

In dem Bild selbst ist auf der dunklen Wolke eine Gegenbewegung dargestellt. Eine Fledermaus, die nach unten fliegt, fast ein Sturzflug, als wolle sie schnell von der Bildfläche verschwinden. Der Sinnspruch fasst es zusammen und interpretiert auf seine Weise: „Die Wahrheit liebt das helle Licht, die Bosheit nach dem

Finstern kriecht“. Aus den Schatten des Lichtes, aus den unlauteren Motiven des Handelns ist die Bosheit geworden, die das Licht scheut und zum Finsteren kriecht. Sie möchte sich verkriechen, damit sie nicht erkannt wird. Bosheit ist etwas sehr Aktives: Es ist die Entschlossenheit, das Böse zu wollen. Wenn wir jede und jeder bei klarem Wachbewusstsein gefragt würden, ob wir das Böse wollen, würden wir alle – da bin ich mir ziemlich sicher – mit nein antworten. Der Sinnspruch macht sehr schön deutlich, dass der Wille zum Bösen die Dunkelheit sucht. Nur in der Dunkelheit kann die Bosheit wirken. Sie wirkt nicht bewusst. Wir wollen sie ja nicht. Aber sie ist uns auch nicht bewusst, weil sie im Dunkel des Unbewussten und des Unterbewussten ist. Das ist ihre Chance. Ihre Chancen sind sofort dahin, wenn sie ans Licht geholt wird. Dann kann ihre Energie zum Guten umgeleitet werden. Die Energien können zum Guten umgeleitet werden.

Im Angesichte des Lichtes Jesu zu Weihnachten haben wir die Chance, auch unsere Schatten und unsere Dunkelheiten anzuschauen und in sein Licht zu stellen. Das erfordert Mut und Tapferkeit und Ehrlichkeit vor Gott und uns selbst. Darum sagte ich vorhin: Schauen wir auf uns selbst, nicht auf die vermeintlichen Bosheiten der anderen. Wenn wir bei uns selbst das in das Licht stellen, was lichtscheu ist, wird es sich entweder selbst auflösen, oder wir können es so beherrschen, dass sich das Böse nicht mehr entfesseln kann. Denn das Böse entfremdet uns von dem guten Selbst, das Gott in uns angelegt hat.

Mögen wir so Weihnachten in dem liebevoll heimleuchtenden Licht Gottes feiern, dass wir von den Selbstentfremdungen befreit werden. Und mögen wir diese weihnachtliche Schicht in unserer Seele bewahren, damit das Lichtscheue in uns durch dieses Licht durchleuchtet wird. So werden wir lauter, wie die Taube, die das Zeichen der Wahrheitsliebe darstellt.
Amen.

Predigtlied: Weil Gott in tiefster Nacht erschienen, EG 56,1-4

Fürbittengebet

Gott wir danken dir für das Licht deiner Nähe, das uns erleuchtet. Durchleuchte uns so, dass das Böse sich auflöst oder seiner Energie zu Gutem umgelenkt wird. Lass uns dafür uns selbst und dir gegenüber immer offen und unverstellt sein. Mache uns auf diese Weise zu deinen Lichtträgern. Wir rufen zu dir:

Gemeinde: Herr, erbarme dich!

Wir denken an alle, die im Schatten des Todes leben müssen, weil sie bedroht oder betroffen sind von: Krieg, Verfolgung, wirtschaftlicher Unsicherheit oder Krankheit. Lass dich von ihnen finden, damit ihre Dunkelheiten nicht mehr dunkel sind. Wir rufen zu dir:

Gemeinde: Herr, erbarme dich!

Wir bitten dich für die Trauernden, die in diesen Tagen einen lieben Menschen verloren haben. Tröste du sie und stärke sie in der Gewissheit der Auferstehung. Lass so das Licht des ewigen Lebens in ihre Dunkelheit leuchten. Wir rufen zu dir:

Gemeinde: Herr, erbarme dich!

Mache unser Herz weit, damit wir dich aufnehmen und empfangen, damit du in uns geboren wirst. Begabe uns, dein Licht in diese Welt zu tragen.

Vater unser …

7.5 Lebendiger Glauben: Neujahr

(Gehalten am 1.1.2013)

Wenn du lieb hast daß Jesulein, so muß dein Hertz beschnitten seyn.

Liebe Gemeinde,
entsprechend der traditionellen liturgischen Ordnung ist der Neujahrstag am achten Tag nach dem 24.12. der Gedenktag an die Beschneidung Jesu. Wir folgen in diesem Gottesdienst auch diesem Formular. Denn die Leseordnung bietet für den 1. Januar zwei verschiedene Gottesdienstmodelle an. Wir folgen heute der alten Ordnung, die offenbar in der Zeit der Ausmalung der Kirche auch begangen wurde.

Das Gemälde dazu ist ein sehr starkes Bild, was wir heute betrachten. Ein Tisch ist zu sehen. Er steht in einem Raum. Bedeckt ist der Tisch mit einer Decke. Auf dem Tisch liegt ein Buch als Zeichen der Bibel. Die Bibel ist Zeichen für das Wort Gottes. Auf dem Buch liegt ein Herz. Auf das Herz ist ein Messer gelegt. Dem Sinnspruch folgend soll es wahrscheinlich ein Beschneidungsmesser sein. In seiner Größe wirkt es eher wie ein Küchenmesser. Möglicherweise ist es aber auch deshalb so groß und stark dargestellt, weil der Betrachter ja ursprünglich noch eine Etage tiefer war, als sie jetzt hier sitzen.

Von dem Herz selbst erheben sich einige Wölkchen. Sie stehen in Beziehung mit den Wolken darüber. Diese Wolken kommen von oben. Mit ihnen kommt ein Stück Himmel auf die Erde herunter. In dem Himmelsstück schwebt die Taube als Symbol für den Heiligen Geist. Der Strahlenkranz um die Taube verströmt Lebendigkeit gegenüber dem starken Messer. Es geht um die Lebendigkeit des Glaubens, die sich in den äußeren Zeichen des Glaubens ausdrücken möchte. Diese Beobachtung scheint mir für die Botschaft des ganzen Bildes im Zusammenhang mit dem Spruch und der dahinter liegenden biblischen Tradition ganz wichtig. Es geht um eine Lebendigkeit des Glaubens!

Der Sinnspruch sagt: „Wenn du lieb hast daß Jesulein, so muß dein Hertz beschnitten seyn“. Hier begegnet uns das Herzsymbol wieder als Symbol für die ganze Person, und somit für jede und jeden einzelnen von uns.

Was aber bedeutet die Beschneidung? Welche Rolle spielt sie in unserer christusliebenden Beziehung?

Historisch ist die Beschneidung das Bundeszeichen Gottes mit Israel. Biblisch wird erzählt, dass Abraham der erste ist, der die Beschneidung empfing. Er beschneidet alles Männliche. Und Abraham beschneidet auch seine Söhne Ismael und Isaak. Historisch wissen wir, dass die Beschneidung als Identifikationszeichen Israels in und nach dem babylonischen Exil eine ganz große Rolle zu spielen beginnt. Sie hat auch gerade bei Völkern in Gebieten mit großem Wassermangel eine wichtige hygienische Bedeutung. Wenn die Vorhaut entfernt ist, ist die

Reinigung leichter zu handhaben. Ansonsten bestehen bei der Ansammlung von Hautabschilferungen, Urinresten und Sekreten immer die Gefahr der Entzündung und damit auch die Gefahr der Entwicklung von Krebs.

Die Frage nach der Beschneidung ist also ganz stark hygienisch und medizinisch motiviert. Das betrifft alle Vorschriften des Alten Testaments im Umfeld von Reinheit und Unreinheit.

Im biblischen und jüdischen Verständnis verpflichtet die Beschneidung. Der Beschnittene ist Jude. Er ist verpflichtet, die Gebote zu halten, die Gebete zu sprechen und die Beziehung auf diese Weise mit Gott zu pflegen. Auch im jüdischen Verständnis ist die Beschneidung nur ein äußeres Zeichen, dem eine innere Haltung entsprechen muss. Das ist die Haltung der Hingabe an Gott mit ganzem Herzen.

Diese Einheit zwischen der inneren Haltung und dem äußeren Zeichen klagen die Propheten immer dann ein, wenn das Volk nicht nach Gottes Willen lebt. So fordert Gott durch den Propheten Jeremia: „Beschneidet euch für den Herrn und tut weg die Vorhaut eures Herzens, ihr Männer von Juda und ihr Leute von Jerusalem, auf dass nicht um eurer Bosheit willen mein Grimm ausfahre wie Feuer und brenne, so dass niemand löschen kann“. Hier schwingt gewissermaßen die Drohung mit, dass der Zorn Gottes sich über den Menschen entlädt, wenn sie sich beständig verweigern, seinen Willen zu leben. Die Entladung des Zornes Gottes ereignet sich immer in einer gewissen Automatik, wenn Menschen sich von Gott abwenden und in Sinnleere und Haltlosigkeit versinken.

Dieses Prophetenwort ist an Menschen gerichtet, die äußerlich religiös beschnitten sind. Sie müssen an die Beschneidung des Herzens erinnert werden. Mit diesem Ruf werden sie an eine entsprechende Lebenshaltung erinnert. In dieser Lebenshaltung geht es darum, den Willen Gottes mit der ganzen Existenz umzusetzen.

Für die ganz frühe Christenheit stand die Frage, ob jemand, der als Mann Christ werden will, auch beschnitten werden muss; also zum Judentum übertreten muss. Es hat auf einer Versammlung in Jerusalem eine Entscheidung darüber gegeben, dass das nicht notwendig ist. Wer Christ werden will kann gleich getauft werden.

In den Briefen der Apostel wird dann die Frage nach Beschneidung vor allem unter dem Aspekt thematisiert, dass dem äußeren Zeichen eine innere Haltung entsprechen muss. Wenn diese innere Haltung nicht da ist, nützt das Zeichen der Beschneidung nichts. Darum der Sinnspruch: „Wenn du lieb hast daß Jesulein, so muß dein Hertz beschnitten seyn“.

Eine der biblischen Textstellen, die sich damit befasst, lesen wir im Römerbrief. Dort schreibt Paulus: „Denn nicht der ist ein Jude, der es äußerlich ist, auch ist nicht das Beschneidung, die äußerlich am Fleisch geschieht; sondern der ist ein Jude, der es inwendig verborgen ist, und das ist die Beschneidung des Herzens, die im Geist und nicht im Buchstaben geschieht. Das Lob eines solchen ist nicht von Menschen, sondern von Gott“ (Röm 2, 28+29).

In diesem Text geht es bei der die Beschneidung um eine innere Haltung. Diese Haltung durch den Geist Gottes wird erfüllt und verlebendigt, durch die Kraft, die von Gott selbst ausgeht. Die Beschneidung des Herzens geschieht im Geist und nicht im Buchstaben.

Es geht Paulus um eine authentische Lebenshaltung in der Beziehung zu Gott. Dabei kommt die Lebendigkeit von Gott selbst wie ein Geschenk. Denn auch im Alten Testament bei Abraham ist die Beschneidung ein Geschenk Gottes an den Menschen. Sie ist Ausdruck eines Bundes, den Gott mit den Menschen schließt. In diesem Bund verpflichtet sich Gott als der eine Bundespartner, den Menschen in den Höhen und den Tiefen des Schicksals zu begleiten. Der Mensch als der andere Bundespartner verpflichtet sich, nach dem Willen Gottes und in Beziehung zu ihm zu leben.

Dieser Geschenkcharakter wird in dem Bild durch die Lebendigkeit des Strahlenkranzes um die Taube sehr sinnfällig. Die Taube bringt das Licht mit den Wolken und belebt sozusagen das Herz, aber auch das Buch auf dem Tisch. Denn auch das Buch der Bibel selbst ist nicht automatisch Gottes Wort. In ihm ereignet sich aber die Anrede Gottes an uns, wenn wir uns durch Gott unmittelbar ansprechen lassen.

Wenn wir dieses Bild so betrachten, verliert das Messer seine bedrohliche brutale Schärfe. Es gewinnt jetzt aber eine andere Stärke. Das Messer will uns fragen: Bist du in deinem Herzen in dem Sinne beschnitten, dass du in der inneren Haltung der vertrauensvollen Hingabe an Gott lebst?

Wir könnten die Beschneidung auch übertragen auf die Taufe. Auch die Taufe ist ein Bundeszeichen mit den gleichen Rechten und Pflichten zwischen den Bundespartnern. Die Taufe begründet sogar einen Bund zwischen Gott und Mensch, der einen familiären Charakter hat. Die Taufe selbst ist ein äußeres Zeichen. Die Botschaft dieses Bildes will uns fragen: Bist du in deinem Herzen so bei Gott und bei Christus, wie es dem äußeren Zeichen der Taufe entspricht, das du empfangen hast. Auch die Taufe ist das große Geschenk Gottes an uns.

Die Botschaft dieses Bildes regt uns an zu Christus hin zu wachsen, dass wir uns ihm und seinem guten Willen ganz ausliefern. Auf diese Weise soll das neue Jahr selbst eine Zeit der Hingabe an Gott sein.
Amen.

Lied: Ich bin getauft auf deinen Namen, EG 200, 1+4+5

Fürbittengebet
Herr, wir danken dir für die neue Zeit des Jahres, die noch vor uns liegt wie ein unausgepacktes Geschenk. Was wird es uns bringen? Was werden wir in ihm zurücklassen? Was werden wir in ihm empfangen? Was immer es ist, stärke uns in der Gewissheit, dass du auf jeden Fall da bist. Wir rufen zu dir:

Gemeinde: Herr, erbarme dich!

Wir danken dir für die neue Zeit dieses Jahres. Lass es auch eine Zeit des bewussten Lebens mit dir sein – ein Leben aus der Verbindung, aus dem Bund mit dir, für den unsere Taufe das Zeichen ist, wie es die Beschneidung für unsere Brüder des Judentums darstellt. Lass uns in diesem Bund immer wieder die Geborgenheit in dir erfahren. Verlebendige die Verbindung mit dir immer wieder in unserer inneren Haltung des Glaubens. Wir rufen zu dir:

Gemeinde: Herr, erbarme dich!

Wir danken dir für die neue Zeit des Jahres und bitten dich für die Menschen, die in besonderer Weise Zuwendung brauchen: die Entrechteten in dieser Welt, die Flüchtlinge, die Kranken, die Trauernden und die in der Dunkelheit des Lebens. Lass diese Zeit für sie die Zeit der Hoffnung werden, dass ihr Schicksal sich wendet und dass ihre Sehnsucht gestillt wird. Wir rufen zu dir:

Gemeinde: Herr, erbarme dich!

Wir bitten dich auch für deine Kirche, dass du ihr immer wieder die Augen für dich öffnest und sie lebendige Zeugin deiner Gegenwart in dieser Welt wird. Begleite uns alle durch das neue Jahre mit deiner Gegenwart.
Vater unser …

7.6 Glauben, Gebet und Selbsterkenntnis: Epiphanias

(Gehalten am 6.1.2013)

Gold, Weyrauch, Myrrhen trägstu bey, durch Glaubn, Gebet und SündenReu.

Liebe Gemeinde,
heute am Epiphaniasfest stehen die Magier aus dem Morgenland im Mittelpunkt. Wir haben diese Begebenheit in der Evangelienlesung gehört. Aus dem Osten kommen Sternenpriester nach Jerusalem. Sie kommen aus Babylonien. Die Sternenpriester versuchten durch die Beobachtung der Sterne einerseits die Naturereignisse vorauszuberechnen. Das betraf vor allem den natürlichen Verlauf des Jahreskreises. So war es möglich die Zeitpunkte für Aussaat und Ernte genau zu berechnen.

Gleichzeitig waren sie auch bestrebt, den tieferen Sinn des Lebens aus den Sternen zu lesen. Und sie waren bemüht, durch den Blick auf die Sterne Ereignisse wahrzunehmen, die von wichtiger Bedeutung sind. So in unserem Fall des biblischen Textes. Die Sternenpriester nehmen eine astronomische Erscheinung wahr, die ihnen sagt: In Israel ist ein wichtige König geboren. Dem wollen sie ihre Aufwartung machen. Ihn wollen sie anbeten. Für Matthäus ist die Anbetung des Kindes in der Krippe im Kontrast zur Ablehnung des neugeborenen Königs durch Jerusalem ein wichtiger Akzent seines Berichtes. Er will sagen: Fremde, Heiden, Andersgläubige kommen von weit her und erkennen den von Gott gesendeten König in dem Kind. Und sie beten es an. Jerusalem als Hauptstadt und der König Herodes und die Vertreter des Judentums erkennen den von Gott gesendeten König nicht an, sondern versuchen ihm nach dem Leben zu trachten.

Die spätere Auslegung dieser Begebenheit hat aus den Sternenpriestern Könige werden lassen. Denn so heißt es in Psalm 72,10: „die Könige von Tarsis und auf den Inseln sollen Geschenke bringen, die Könige aus Saba und Scheba sollen Gaben senden“. In diesem Psalm geht es um den Friedensfürsten und sein Reich. Und die zukünftige Herrlichkeit des Zion wird beim Propheten Jesaja so beschrieben: „Denn die Menge der Kamele wird dich bedecken, die jungen Kamele aus Midian und Efa. Sie werden alle aus Saba kommen, Gold und Weihrauch bringen und des Herrn Lob verkündigen“ (Jes. 60,6).

Es gibt in der Auslegung der frühen Kirche bereits Verschiebungen im Verständnis dieses Textes gegenüber der ursprünglichen Intention: Aus den Sternenpriestern werden Könige; von der Betonung der Anbetung wandert das Schwergewicht zu den Geschenken, die sie mitbringen. Gold ist zunächst Zeichen für den Reichtum, Weihrauch für die Reinheit, weil er in der Antike zur religiösen Reinigung verwendet wurde, so wie heute auch in der römisch – katholischen Liturgie, Myrrhe ist ein Schmerzlinderungsmittel und damit Zeichen für Heil und Heilung, aber auch für ewiges Leben, weil es in der Antike auch Verwendung bei der Einbalsamierung der Körper der Verstorbenen fand. So konnte ein Kirchenvater sagen: Gold komme Jesus als König zu, Weihrauch kommt ihm als Gott oder Hohepriester zur, Myrrhe kommt ihm als Mensch zu.

Durch eine frühe Auslegungsmethode der Kirche ist dann immer auch überlegt worden, ob die Geschenke in sich noch einen tieferen Sinn haben. Und zwar einen Sinn im Bezug auf unser Leben und unseren Glauben. Also gibt es irgendetwas, was wir heute im Glauben zu tun oder beizutragen haben, so wie die Sternenpriester Christus Gold, Weihrauch und Myrrhe gebracht haben?

So findet sich eine Interpretation, dass Gold Weihrauch und Myrrhe reine Werke, Gebet und Tötung der Leidenschaften bedeuten.[78] Für Gregor den Großen sind es Weisheit, Gebet und Tötung der fleischlichen Lust. Für Martin Luther: Glaube, Liebe Hoffnung. Im Mittelalter findet sich auch eine Auslegung, die sagt, dass das Gold wegen der Armut der Eltern, der Weihrauch wegen des Gestankes im Stall und die Myrrhe für die Gesundheit des Kindes gegeben worden wären.

Damit sind wir bei dem Bild angekommen in unserer Hermsdorfer Kirche, das voll in dieser Tradition der Auslegung steht. Es legt Gold, Weihrauch und Myrrhe eine tiefere Bedeutung bei. Diese Bedeutung wiederum hat Folgen für das Leben unseres Glaubens.

Der Sinnspruch lautet: „Gold, Weyrauch, Myrrhen trägstu bey, durch Glaubn, Gebet und SündenReu“. Der Spruch meint, wenn du, Mensch, etwas bringen möchtest, so brauchst du nicht Gold, Weihrauch und Myrrhe zu schenken. Was für die Sternenpriester Gold, Weihrauch und Myrrhe sind, ist für dich der Glauben, Gebet und die Reue über deine Schuld. Bevor wir darüber nachdenken, ist ein Blick auf das Bild sinnvoll. Was ist da dargestellt: Sind es Gold, Weihrauch und Myrrhe oder Glauben, Gebet und die Reue über die eigene Schuld?

Der Vergleich mit der Kupferstichvorlage aus Dilherrs Hertz- und Seelenspeise lässt auch eine Vertauschung der ersten beiden Gefäße erkennen.[79] Der Kupferstecher hat das Herzsymbol für Gold und das Weihrauchgefäß für Weihrauch dargestellt. Auf dem Bild in unserer Kirche steht das Rauchfass für Gold und das Herz für Weihrauch. Ist das künstlerische Freiheit? Oder ist es

---

[78] Siehe zur Auslegungsgeschichte für das Folgende: Luz, Ulrich: Das Evangelium nach Matthäus, in: Brox, Norbert; Gnilka, Joachim; Luz, Ulrich; Roloff, Jürgen (Hg.): Evangelisch-Katholischer Kommentar zum Neuen Testament, 1. Teilband Mt. 1-7, 4. durchges. Auflage, Zürich, Neukirchen – Vluyn 1997, S. 121f.

[79] Dilherr, S. 130

Ausdruck eben der symbolischen Deutung der Gaben, wie sie auch Paul Gerhardt in dem Lied „Die güldne Sonne“ in der dritten Strophe vornimmt, in der es heißt:

„Lasset uns singen, dem Schöpfer bringen Güter und Gaben; was wir nur haben, alles sei Gotte zum Opfer gesetzt! Die besten Güter sind unsere Gemüter; dankbare Lieder sind Weihrauch und Widder, an welchen er sich am meisten ergötzt“.[80]

Hier werden gewissermaßen Realien der Bibel in einer allegorischen Tiefendeutung für das Leben ausgelegt. Weihrauch und Widder sind hier die dankbaren Lieder.

Für mich legt sich der Gedanke nahe, dass nicht Gold, Weihrauch und Myrrhe dargestellt sind, sondern der Glauben, das Gebet und die Reue.

Das, was unsere Geschenke für das Kind in der Krippe sind, sind Glauben, Gebet und Reue. Das kann künstlerisch so oder so ausgedrückt werden.

Der Glauben ist ein Geschenk im doppelten Sinne. Wir können ihn aus uns selbst nicht erzeugen. Er ist insofern Geschenk, als dass er auf das Wirken Gottes in uns selbst zurückgeht. Ich habe Gespräche mit Menschen geführt, die gern glauben wolle, die aber einfach keinen Zugang finden. Menschen sagen mir dann manchmal: „Na, da müsste man schon die Erziehung aus dem Elternhaus dazu haben“. Es gibt aber viele Menschen, die haben eine christliche Erziehung und Sozialisation durchlaufen. Aber diese Erziehung bleibt im Bezug auf den Glauben merkwürdig fruchtlos. Andere hatten mit Kirche nie was zu tun. Eines Tages kommen sie durch Freunde oder Bekannte mit dem Glauben in Kontakt und finden unmittelbar das, wonach sie ein Leben lang gesucht haben. Sie weisen eine Reife des Glaubens auf, zu der manches langjähriges Mitglied der Kirche nie kommt. Das sollen alles keine Klagen sein. Ich will damit nur sagen, dass allein das Entstehen und das Sein von Glauben zunächst ein Geschenk und gleichzeitig ein Geheimnis sind.

Der Glauben selbst bezeichnet eine Lebenshaltung, dass wir mit Gott in einer bewussten Beziehung leben. Es geht nicht nur darum, ob wir die Existenz eines höheren Wesens für möglich halten, sondern dass wir immer wieder auch nach

---

[80] Evangelisches Gesangbuch, Ausgabe für die Evangelische Landeskirche Anhalts, die Evangelische Kirche in Berlin-Brandenburg, die Evangelische Kirche der schlesischen Oberlausitz, die Pommersche Evangelische Kirche, die Evangelische Kirche der Kirchenprovinz Sachsen, Berlin, Leipzig 1994, Nr. 449,3

seinem Willen fragen. Gott möchte, dass wir uns in ihn verlieben und das Leben mit ihm gestalten.

An dieser Stelle kommt das Gebet ins Spiel. Auf dem Bild erscheint es als das entflammte Herz. Als das Gespräch mit Gott über die Fragen des Lebens ist es wie ein roter Faden oder das Rückgrat des Glaubenslebens. Auf dem Bild ist das Gebet mit dem Herz in Beziehung gesetzt. Dieses Herz ist entflammt. Es scheint in dem Zeichensystem dieser Malereien in dieser Kirche immer Symbol für unsere Persönlichkeit zu sein. So kennt die Kirche nicht nur das Gebet als Aufsagen eines auswendig gelernten Textes. Es gibt auch das Gebet als das direkte und intime Gespräch als Zwiesprache mit Gott. Sagen sie Gott am Ende eines Tages, wofür sie dankbar sind. Tragen sie ihm ihre Bitten für sich und andere Menschen vor. Und sagen sie ihm auch, wenn sie ratlos sind. Gerade die Klage hat eine unglaublich befreiende Wirkung, weil sie uns verändert. In dieser Weise können wir auch die Grenzen unseres Lebens vor Gott bedenken. Immer dort, wo wir nicht weiter wissen oder wo wir merken, dass wir falsch gehandelt, geredet oder gedacht haben, sind wir an eine Grenze gekommen. Sich diese Grenzen einzugestehen und auf Grund der Begrenzungen dann anders zu leben und zu handeln bezeichnet die Sprache der Frömmigkeit als Reue. Das Erreichen und das erfolglose Überschreiten von Grenzen kann als Schuld bezeichnet werden. Der alte Begriff der Sünde weckt immer ein sehr verkürztes Verständnis, so als wäre Sünde, dass wir etwas falsch machen. Und als wäre Sünde Ausdruck unseres bewussten Willens zum Bösen. Zu Weihnachten haben wir festgehalten: Das Böse will niemand bewusst. Und dennoch passiert es. Es passiert besonders dort, wo wir an Grenzen in unserem Leben und in unseren Möglichkeiten geraten. Reue ist das Eingeständnis: so ist das. Und sie ist der erste Schritt auf einem Weg innerhalb unserer Möglichkeiten. Reue ist auch der ersten Schritt, wieder aufeinander zu zugehen, wenn Beziehungen zu zerbrechen drohen.

Glauben, Gebet und der Sünden Reue sind unsere Gaben für das Kind in der Krippe, so wie die Sternenpriester aus dem Morgenland Gold, Weihrauch und Myrrhe gebracht hatten. Der Glauben ist selbst Geschenk an uns, weil wir ihn aus uns nicht erzeugen können. Alle drei Gaben zusammen füllen die Beziehung zwischen Gott und unseren Mitmenschen aus. Darin sind alle drei Gaben gleichzeitig Geschenke für uns. Sie sind das Geschenk, dass wir alle Zeit unseres Lebens die Gewissheit wach halten, dass wir liebevoll von Gott umgeben sind.

Amen.

Predigtlied: Auf Seele, auf und säume nicht, EG 73,1+5-8

Fürbittengebet

Wir danken dir, Gott, dass du uns in unserem Leben begleitest und erleuchtest. Wie der Stern die Weisen aus dem Morgenland geführt hat, wo willst du uns Orientierung für unser Leben geben. Wir bitten dich, öffne uns immer wieder neu für deine Gegenwart unter uns. Wir rufen zu dir:

Gemeinde: Herr, erbarme dich!

Deiner Liebe zu uns wollen wir eine Antwort mit unserem Leben geben. Lass uns aufmerksam sein, wo wir dir in unserem Alltag begegnen. Du bist da in unserem Nächsten, der uns braucht. Du bist da in der Stille, in der wir auftanken können. Und du bist auch dann da, wenn wir dich nicht spüren. Lass uns auch das nicht vergessen. Wir rufen zu dir:

Gemeinde: Herr, erbarme dich!

Wir bitten dich für die Kranken unter uns. Sei ihnen nahe mit deiner heilsamen Nähe, dass sie Aufrichtung und Ermutigung erfahren. Schenke ihnen Menschen, die ihnen helfen und sie begleiten. Wir rufen zu dir:

Gemeinde: Herr, erbarme dich!

Wir bitten dich für die Mächtigen in Politik und Wirtschaft, dass du in ihnen das Wissen um die Verantwortung wach hältst, damit sie sorgsam mit dem umgehen, was ihnen anvertraut ist. Lass so Frieden und Gerechtigkeit werden. Wir rufen zu dir:

Gemeinde: Herr, erbarme dich!

Lass uns aufmerksam sein für die Entrechteten in unserer Zeit, dass wir dort für sie eintreten, wo es niemand tut. Stärke dafür deine Kirche als Zeugin deiner Gegenwart, dass sie alle Zeit der Mund der Stummen und die Stütze der Schwachen in dieser Welt bleibt.

Vater unser…

7.7 Die Zelte, die nie errichtet wurden: Letzter So. n. Epiphanias

(Gehalten am 13.1.2013)

Auf harte Müh folgt sanfte Ruh und noch die Himmels - Kron darzu.

Liebe Gemeinde,
als eine Verwandte unserer Familie vor vielen Jahren nach einem wirklich erfüllten Arbeitsleben in den Ruhestand ging, sagte sie: „Eigentlich war ich immer von Intrigen umgeben, und mein Leben war ein einziger Kampf". Sie hatte in verschiedenen medizinischen Einrichtungen als Krankenschwester gearbeitet. Und ich denke, dass sie eine gute und kompetente Krankenschwester war. Sie hat ihr Leben allein bestreiten müssen, weil sie von ihrem Ehemann verlassen wurde. Ihre Tochter hat sie allein in das Leben begleitet und ist als Großmutter immer noch für ihre Enkel gefordert.

Es gibt Lebensläufe, die einem Kampf gleichen. Und es gibt Situationen des Lebens, die einem Kampf gleichen. Für jede und jeden, der sich zeitweise in solch einer Situation befindet scheint auf den ersten Blick das Bild unserer Empore gemalt zu sein, das wir heute betrachten. Es scheint zur Ermutigung und zum Trost gemalt worden.

Wir blicken auf eine militärisch anmutende Situation. Zunächst springen die Zelte und die Soldaten in die Augen. Die Zelte könnten zu einem Militärlager gehören, wie sie eben in der Zeit von 270 Jahren aussahen.

Die Situation entspannt sich, wenn wir das mittlere Zelt betrachten. Hinter ihm scheinen Strahlen hervor. Über dem Zelt brennt eine Flamme. Die Stimmung, die dadurch verbreitet wird, verleiht der gesamten Szenerie einen gewissen Glanz.

Das Bild ist nicht auf das direkte militärische Kämpfen bezogen. Im Vordergrund links begegnen uns Engel, so wie man sich Engel vorstellt. Die Engel sind von Wolken begleitet. Mit den Wolken bringen sie ein Stück Himmel auf die Erde. Der eine Engel hält etwas in der Hand, was er den Soldaten zeigt. Es ist ein bisschen schwer zu erkennen. An dieser Stelle stoßen zwei Bretter des Emporenfeldes aufeinander, auf das das Bild gemalt ist. Und der Zahn der Zeit hat genagt. Der Engel hält den Kämpfern grüßend einen Kranz entgegen. Der Sinnspruch lautet: „Auf harte Müh folgt sanfte Ruh und noch die Himmels - Kron darzu".

Die Grundlage für die Predigt bei Dilherr ist die Verklärung Christi am letzten Sonntag nach Epiphanias. Nun feiern wir am kommenden Sonntag den Abschluss der Allianzgebetswoche, so dass ich dieses Bild und das Nachdenken darüber auf den heutigen Sonntag gesetzt habe.

Jesus geht mit drei seiner Jünger auf einen hohen Berg, um mit ihnen allein zu sein. Plötzlich verändert sich sein Aussehen. Seine innere himmlische Wirklichkeit scheint nach außen zu dringen. Sein Angesicht leuchtet wie die Sonne. Seine Kleider werden weiß wie Licht. Er wird verklärt. Es ist der Moment der Erleuchtung. Es ist ein Moment, in dem die Jünger in Klarheit erkennen, wer Jesus ist. Für die Jünger wird es so ein Moment sein, wie es für uns ist, wenn wir eine Gotteserfahrung in großer Klarheit machen. Solche Momente möchten wir dann gern festhalten.

Dazu erscheinen Mose und Elia. Mose als der erste Prophet des Alten Testamentes. Und Elia als der Prophet, der nicht gestorben ist, sondern nach der biblischen Überlieferung auf einem feurigen Wagen entrückt wurde. Elia ist es auch, der nach jüdischer Überlieferung erst wiederkommen wird, bevor der Messias kommt. Die Jünger möchten diesen Moment gern festhalten. Das ist so schön. „Willst du, so wollen wir dir hier drei Hütten bauen: dir eine, Mose eine und Elia eine.“, sagt Petrus.

Die ganze Szene wird von einer Wolke überschattet. Die Himmelsstimme bestätigt Jesus und sagt: „Das ist mein lieber Sohn, an dem ich Wohlgefallen habe, den sollt ihr hören“. Die Jünger fallen zur Erde. Jesus geht zu ihnen, ganz unverklärt und richtet sie auf: „Fürchtet euch nicht“, sagt er ihnen.

Das Emporenbild führt aus, was den Jüngern nicht gelungen ist. Es malt die Verklärung Jesu in der Richtung weiter, dass hier die drei Hütten dargestellt sind, die die Jünger nicht gebaut haben. So beschreibt es die Erklärung aus der Predigt von Johann Michael Dilherr.

Das Zelt mit den Soldaten ist das Zelt für Mose. Die Soldaten sind ein Zeichen dafür, dass das Leben des Moses immer voller Widerwärtigkeiten und voller Kampf war. Auf dem Zelt befindet sich der Dornbusch – Zeichen für die Berufung des Mose. Auf der Darstellung in dieser Kirche ist der Busch mehr zu einem Zweig reduziert.

Das Zelt in der Mitte mit der brennenden Fackel ist das Zelt des Elia. Auf der Kupfervorlage sind Rosse und Wagen mit dabei. Es soll auf einen guten Ausgang des Lebens hinweisen, wie ihn Elia gehabt hat.

Das ganz linke Zelt ist das Zelt Christi mit der Fahne. Es ist umgeben von Engeln. Es soll das Zeichen dafür sein, dass Christus uns mit seinem Leuchten durch das Tal des Todes geleitet. Am Ende steht die Krone des Lebens.

Diese Malerei führt die Begebenheit der Verklärung Christi dahin weiter, dass es uns von unserer Verklärung erzählen möchte.

Die Krone des Himmels ist der Kranz. Er ist Symbol für einen Sieg, den der Bekränzte errungen hat. In den biblischen Texten kommt dieses Motiv öfter vor und ist dort dem Sport entnommen. Im antiken Sport wurde meist Ringkampf ausgeübt, so wie heute Fußball. Der Sieger wurde mit einem Kranz bekrönt. Diese Kränze bestanden meist aus Lorbeerblättern.

Wir haben solch einen Text einmal im ersten Petrusbrief: „So werdet ihr, wenn erscheinen wird der Erzhirte, die unvergängliche Krone der Herrlichkeit empfangen“ (1. Petr. 5,4). Aber auch Jakobus nimmt dieses Motiv auf, wenn er schreibt: „Selig ist der Mann, der die Anfechtung erduldet, denn nachdem er bewährt ist, wird er die Krone des Lebens empfangen, die Gott verheißen hat denen, die ihn liebhaben“ (Jak. 1,12). Der direkteste Bezug zwischen Bild, Spruch und biblischer Grundlegung scheint mir im 2. Brief an Timotheus gegeben zu sein. Dort lesen wir: „Ich habe den guten Kampf gekämpft, ich habe den Lauf vollendet, ich habe den Glauben gehalten, hinfort liegt für mich bereit die Krone der Gerechtigkeit, die mir der Herr, der gerechte Richter an jenem Tag geben wird, nicht aber mir allein, sondern auch allen, die seine Erscheinung liebhaben“ (2. Tim. 4,8).

Der Verfasser schreibt diesen Brief am Ende seines Lebens. Er ahnt auch um seinen bevorstehenden Tod und gibt Timotheus Anweisung für sein Leitungshandeln in der Gemeinde. Die beiden Briefe an Timotheus und an Titus befassen sich mit Fragen der Gemeindeleitung. Das Hauptproblem für alle, die gemeindeleitend in dieser Zeit gegen Ende des 1. Jahrhunderts tätig waren, war die Frage nach einer zeitgemäßen Weiterführung des Glaubens. Dabei musste der Ursprung bewahrt werden. Aber er musste der Zeit so angepasst werden, dass er verstanden wurde, ohne den Inhalt durch Verwässerung aufzugeben. Wir haben das Problem ja bei Glaubensaussagen, die dadurch erklärungsbedürftig sind, weil ihre sprachliche Form aus einer anderen Zeit kommt und für moderne Ohren missverständlich erscheint, z. B. bei der Rede von Maria als Jungfrau.

Wo erleben sie, liebe Gemeinde, sich im Kampf? Das sind sicher unterschiedliche Situationen: die Intrigen auf der Arbeit oder in der Verwandtschaft. Die Not, eine Krankheit zu bewältigen. Mitunter drücken Menschen das ja dann so aus, dass da jemand gegen die Krankheit kämpft und sie besiegt. Die Begleitung der Kinder in kritischen Phasen kann wie ein Kampf sein. Das Ringen um eine Partnerschaft und ihr Fortbestehen kann einem Kampf gleichen. Die Auseinandersetzungen mit dem Schicksal jedweder Art kann solch ein Kampf sein.

Hinter all diesen Situationen steht die Frage nach dem tieferen Sinn und nach der Wahrheit des Lebens. Wenn sie bestimmte Phasen des Lebens so empfinden, wie einen Kampf, sagen sie sich das so: Kämpfe sind nicht schön. Sie sind herausfordernd und aufwendig. Sie bergen immer die Gefahr des Scheiterns in sich; und zwar des äußeren Scheiterns. Das Scheitern sieht dann so aus als hätten wir etwas verloren. So daraus hervor zu gehen, kann mitunter bitter sein. Viel wichtiger ist aber: Bin ich der Wahrheit treu geblieben, die ich für mein Leben erkannt habe. Für diese Situation des Kampfes ist uns das rechte Zelt des Mose vor Augen gemalt.

Es gibt einen guten Ausgang. Lassen Sie es sich in diesem Bild gemalt sein. Das mittlere Zelt des Elia sagt uns das. Es ist ganz vom Licht umstrahlt und auf ihm leuchtet das Licht. Es ist das Licht, das uns in den Verwicklungen des Lebens Klarheit schenkt.

Das linke Zelt als das Zelt Christi will uns bergen und durch die Unbilden des Lebens geleiten. Es will uns auch durch das Tal des Todes führen. Am Ende wird Christus uns vollenden. Das Zeichen dafür ist die Krone des Lebens.

Auf diesem Bild sind uns die Zelte gemalt, die nie gebaut wurden. Sie sind unserer Seele vor Augen gemalt, weil wir die lichten Momente der Gotteswahrnehmung immer nicht festhalten können. Es ist allen denen zum Trost und zur Ermutigung gemalt, die von ihrem Leben sagen: es war eine einziger Kampf, und ich war von lauter Intrigen umgeben. Am Ende steht die Krone des Lebens. Lassen Sie sich das gemalt sein.
Amen.

Predigtlied: Jesus hilf siegen, EG 373,1-3+6

Fürbittengebet

Guter Gott, manchmal fühlen wir deine Nähe ganz stark. Manchmal haben wir das Gefühl, dass du gar nicht da bist. Es gibt Zeiten, die gleichen einem Kampf. Und es gibt Zeiten, die gleichen einem entspannenden Spaziergang durch eine schöne Landschaft im Sonnenschein.

Du bist immer da. Aber nicht immer spüren wird dich. Mache uns gewiss, dass wir in deiner Hand immer und für alle Zeit geborgen sind. Wir rufen zu dir.

Gemeinde: Herr, erbarme dich!

Wir denken an die Menschen, die einem Kampf ausgesetzt sind: Durch Intrigen auf der Arbeit oder in der Nachbarschaft, in der Bewältigung einer schweren Krankheit oder in der Verfolgung wegen des Glaubens oder der politischen Überzeugung. Steh ihnen bei und stärke sie. Sei ihnen nahe und lass sie in dir Geborgenheit erfahren. Wir rufen zu dir.

Gemeinde: Herr, erbarme dich!

Wir bitten dich für deine Kirche, die in unserem Land nicht verfolgt wird. Wir stehen als Christinnen und Christen aber viel Gleichgültigkeit bei den Menschen gegenüber. Bewahre uns davor, in der Ernsthaftigkeit des Glaubens nachzulassen. Begabe deine Kirche und alle, die zu ihr gehören immer wieder mit deinem Geist. Fange damit bei uns an, dass wir die Faszination des Lebens mit dir bezeugen. Wir rufen zu dir:

Gemeinde: Herr, erbarme dich!

Werde zum Halt in der Dunkelheit des Lebens und erleuchte den Weg des Lebens, damit wir uns und die anderen in deinem Lichte erkennen können. Sei bei denen, die wir lieb haben in der Nähe und in der Ferne, und sei liebend bei denen, die mit uns ihre Schwierigkeiten haben. Für alle bitten wir dich, wie dein Sohn uns zu beten gelehrt hat.

Vater unser…

7.8 Das vierfache Ackerfeld oder vom Wachstum unserer Beziehung zu Gott: Sexagesimae

(Gehalten am 3.2.2013)

Denck, das Gott stets zugegen sey, so kömmt der Satan dir nicht bey.

Text. Luk. 8,4-15
(Die Predigt ist im Rahmen der Vorstellung der Konfirmanden des Pfarrbereiches im Jahre 2013 entstanden. Die Konfirmanden wurden in den Vollzug der Predigt mit einbezogen. Alle *kursiv* gedruckten Passagen trugen die Konfirmanden vor.)

Liebe Gemeinde,
auf diesem Bild befindet sich Jesus im Gespräch mit drei Männern. Die Gesichtszüge haben weiche Konturen. Jesus ist bärtig dargestellt und trägt schulterlanges Haar. Insgesamt wirken die Gestalten gedrungen. Die Szene ist sehr bewegt. Die eine Hand hat Jesus erhoben. Mit der anderen Hand rafft er das Gewand an.

Hinter Jesus steht der Teufel. Dieser Teufel hier bedient alle Klischees: Er hat Hörner, Ziegenohren, einen Ziegenbart und einen Klumpfuß.

Im Konfirmandenunterricht haben wir länger über die Figur des Teufels in der Bibel gesprochen. Er taucht im Alten Testament als Mitglied des himmlischen Parlaments der Engel auf, die um Gott versammelt sind. Er hat da die Funktion des Anklägers, der alles in Frage stellt. Die griechische Übersetzung gibt das Satan des Hebräischen mit Diabolos wieder. Das ist der Durcheinanderwerfer.

Auf dem Bild hier trägt er einen Spiegel. In diesem Spiegel sind die Schönheiten der Welt dargestellt. In der oberen Hälfte sind Ess– und Trinkgefäße zu sehen. Sie sind Ausdruck des wohlständigen und sorglosen Lebens. In der unteren Hälfte ein kostbares Schmuckgefäß und dahinter eine geöffnete Truhe. In der Truhe befindet sich ein Schatz. Für den Betrachter sind heraushängende Ketten erkennbar. Diese Gegenstände sollen das Reich der Welt symbolisieren. Vor allem werden der Wohlstand und die Bequemlichkeit des Lebens dargestellt. Die menschlichen Sehnsüchte von einer äußeren guten Absicherung des Lebens werden angesprochen. Menschliches Denken wird durch diesen Spiegel in den Blick genommen. Die Bildunterschrift sagt uns: „Denck, das Gott stets zugegen sey, so kömmt der Satan dir nicht bey.“. Also: Orientiere dich auf Gott, vergegenwärtige dir, dass Gott immer da ist, so kann der Satan dir mit seinen Versuchungen nichts anhaben.

Jesus erzählt Menschen. Nach der Vorlage bei Dilherr zu diesem Sonntag ist es eine große Menschenmenge, denen er erzählt. Wir selbst sind eingeladen, uns mit in dieses Bild hinein nehmen zu lassen.

Jesus erzählt vom Reich Gottes in Form von Beispielgeschichten. Ein Bauer bestellt sein Feld und sät Samen. Von dem Samen fällt nicht alles auf fruchtbaren Boden. Manches fällt auf den Weg, anderes auf Felsen, wieder anderes unter die Dornen. Und nur ein Teil des Samens fällt auf fruchtbaren Boden.

Wir sind geneigt zu fragen: Warum hat er denn beim Säen nicht aufgepasst? Aber die Abfolge der Aussaat war in der Antike so: Man hat erst gesät und den Boden später aufgelockert und die Saat auf diese Weise untergearbeitet.

Wir können uns ausrechnen, wie das ausgeht: Der Samen, der auf den Weg fällt wird zertreten und von den Vögeln gefressen. Der Samen auf dem Felsen geht auf, aber ihm fehlen die Feuchtigkeit und die Kraft. Schließlich verdorrt alles. Und der Samen unter den Dornen? Als er aufgeht wird die aufkeimende Saat erstickt. Es fehlt das Licht. Und so verdirbt auch er.

Nun ist klar, dass Jesus keine Vorträge über Landwirtschaft hält. „Was bedeutet dieses Gleichnis?“, fragen die Jünger, denn sie wissen, dass der Sinn dieser Rede hinter den Worten liegt.

Lukas überliefert eine Auslegung dieser Beispielgeschichte. In dieser Auslegung werden die einzelnen Elemente des sprachlichen Bildes Stück für Stück in die Wirklichkeit übertragen. So wird der Sinn freigelegt, der hinter den Worten steht.

Der Samen ist das Wort Gottes. Gesät wird offenbar in die Herzen der Menschen. Dort entsteht der Glauben und dort wird die Beziehung zu Gott lebendig gehalten.

Im Unterricht haben wir uns zunächst Gedanken gemacht, wo uns heute das Wort Gottes begegnet.

Wir haben dabei entdeckt, dass uns das Wort Gottes im Gottesdienst begegnet. Innerhalb des Gottesdienstes ist es dann besonders in der Predigt zu hören. Dann hören wir es in der Kirche auch in den Lesungen aus der Bibel. Die Bibel selbst enthält Gottes Wort.

Weiterhin begegnet uns das Wort Gottes in den täglichen Losungen der Herrnhuter Brüdergemeine. Für jeden Tag ist da ein Vers aus dem Alten Testament ausgelost und dazu ein Satz aus dem Neuen Testament ausgewählt.

Dem Wort Gottes begegnen wir auch im Religionsunterricht in der Schule.

Das Wort Gottes nehmen wir auch im Gebet wahr. Das sind die Momente im Gebet, in denen wir selbst still sind und innerlich schweigen.

Wenn wir etwas falsch gemacht haben, spüren wir das durch unser Gewissen. Das Gewissen ist auch ein Ort in uns, an dem wir das Wort Gottes wahrnehmen können.[81]

Der Samen fällt auf verschiedene Orte: Weg, Felsen und Dornen. Diese Orte stehen für verschieden Lebenssituationen:

Der Weg bedeutet, so sagt das die Auslegung, dass der Teufel kommt, und das Wort aus ihrem Herzen nimmt. So wird keine Beziehung zu Gott möglich. Das passiert immer dann, wenn im Leben alles durcheinander geworfen wird.

Der Felsen bedeutet die Situation, dass Menschen durchaus zu glauben beginnen und sich über die Beziehung zu Gott freuen. Dann kommen die Anfechtungen des Lebens und sie fallen von Gott ab.

Die unter den Dornen sind die, die unter den Sorgen, dem Reichtum und der Freude ersticken. Auf diese Weise erstirbt die Beziehung zu Gott. Fällt das Wort Gottes auf fruchtbares Land, so bringt es vielfach Frucht.

Die Frage ist, was den Glauben behindert. Über diese Fragen haben wir im Unterricht nachgedacht:

Als erstes wird der Teufel erwähnt, der das Wort aus den Herzen der Menschen nimmt. Nun ist ein Teufel, wie er auf dem Bild in dieser Kirche gemalt wird, nicht so real, wie er dargestellt ist – jedenfalls nicht mit Hörnern, Klumpfuß und Schweif. Der hier dargestellte Teufel weist aber auf etwas sehr Reales von sich hin. Das ist der schon erwähnte Spiegel. Durch Vorspiegelungen von Wohlstand und äußerem Reichtum gewinnt die Seele eine Aufmerksamkeit, die sie von Gott ablenkt. Würden wir dieses Bild für den Anfang des 21. Jahrhunderts weitermalen oder ummalen, würden in dem Spiegel vielleicht die Dinge erscheinen, nach denen Menschen heute äußerlich streben.

Reichtum, Freude und Wohlstand sind an sich nicht schlecht. Es wird nur dann schwierig, wenn wir denken, dass wir das Leben durch die äußeren Dinge des Lebens abgesichert hätten. Wir stehen dann in der Gefahr innere Werte zu vergessen. Wir stehen dann auch in der Gefahr, Gott zu vergessen.

---

[81] Die jeweils kursiv gedruckten Abschnitte sind in dem real gefeierten Gottesdienst durch einzelne Konfirmanden vorgetragen worden.

Im Unterricht haben wir auch gefragt: Was ist das gute Land für den Glauben? Was heißt es, dass der Glauben Früchte trägt, also Wirkungen in unserem Leben hat?

Das gute Land sind wir. Jede und jeder einzelne von uns. Die Wirkungen des Glaubens für unser Leben sind, dass wir das Wort Gottes weiter verbreiten. Die Tatsache, dass wir zur Kirche gehören und getauft sind, ist eine Wirkung des Wortes Gottes. Ebenso gehört dazu, dass wir uns bemühen, nach den Geboten Gottes zu leben.
Im Glauben merken und spüren wir auch, dass Gott da ist. Er ist da, wenn wir in Schwierigkeiten sind, in der Schule zum Beispiel. Gott reagiert auf unsere Bitten in unseren Gebeten. Er passt auf uns auf. Und er hat uns so gemacht, wie wir sind.

Warum sät Gott nicht nur auf gutes Land? Diese Frage hatte vorhin eine landwirtschaftliche Antwort bekommen. Weil die Bauern das in der Antike so machten. Diese Frage kann nun auch geistlich beantwortet werden: Gott gibt sein Wort in diese Welt reichlich, weil bei ihm unendlich viel davon vorhanden ist. Bei ihm ist unendlich viel Liebe zu uns vorhanden. Die Frage ist, ob wir sie annehmen und guter Boden dafür sein können. Gott ist in diesem Reichtum immer für uns da. In seiner Gegenwart können wir uns bergen. Aus dieser Geborgenheit heraus können wir an den Erfahrungen des Lebens wachsen. Darum: „Denck, das Gott stets zugegen sey, so kömmt der Satan dir nicht bey.“.
Amen.

Fürbittengebet

Wir danken dir für dein Wort und bitten dich: lass uns für dein Wort guter Boden sein. Schenke uns, dass wir dich nie vergessen und lass uns aufmerksam sein in unserem Alltag für deinen Willen – zu Hause, in der Schule oder in der Freizeit. Wir rufen zu dir:

Gemeinde: Herr, erbarme dich!

Wir danken dir für dein Wort und bitten dich: lass uns für dein Wort guter Boden sein. Durchdringe uns mit deiner Gegenwart, dass andere auch ohne Worte etwas durch uns von dir spüren. Wir rufen zu dir:

Gemeinde: Herr, erbarme dich!

Wir danken dir für dein Wort und bitten dich: lass uns für dein Wort guter Boden sein. Zeige uns, wo wir für die Entrechteten in dieser Welt aktiv werden können: die Armen, die Hungernden, die Flüchtlinge und Vertriebenen. Wir rufen zu dir:

Gemeinde: Herr, erbarme dich!

Wir danken dir für dein Wort und bitten dich: lass uns für dein Wort guter Boden sein. Lass es uns dann besonders vernehmen, wenn es uns nicht gut geht. Schenke uns durch dein Wort die Geborgenheit, die uns trägt.

Vater unser …

7. 9 Vom Blick in die Tiefe des Lebens: Invokavit

(Gehalten am 24.02.2013)

Weil Gott mein Schild ist und mein Hort, treib ich den Teufel tapfer fort.

Liebe Gemeinde,
am Sonntag Invokavit steht die Versuchung Jesu im Mittelpunkt des Nachdenkens.

Das Gemälde für diesen Sonntag stellt uns aber nicht Jesus im Ringen mit dem Versucher dar. Wir sehen einen geharnischten Ritter. Der Künstler möchte uns einladen, dass wir uns an die Stelle des Ritters begeben. Der Ritter repräsentiert jede und jeden von uns im Kampf mit dem Bösen unseres Lebens.

Dabei geht es vor allem darum, tiefer in das Leben zu schauen, wenn wir vor Probleme gestellt werden. Matthäus erzählt uns in der Versuchung Jesu von einem Weg. Es ist der Weg der uns von der Oberfläche des Lebens wegführt. Das Leben ist oft oberflächlich und auf Vordergründigkeiten aus. Die Erfahrung Jesu weist uns auf die Tiefe des Lebens hin. Wo finden wir die wirklichen Ursachen von Problemen? Und wo finden wir folglich die Lösungen dafür. Nur in der Tiefe des Lebens können Probleme und Herausforderungen nachhaltig gelöst werden.

In dieser Weise wird in der Predigtsammlung: „Die Hertz – und Seelen – Speise“ von Johann Michael Dilherr dieses Gemälde auch verstanden. Dieses Verständnis ergibt sich durch das Subskriptum, das dem Kupferstich ursprünglich beigegeben ist. Es lautet dort:

“Jesus dreymahl wird versucht / von dem Satan / in der Wüsten.
Er schlägt ihn mit Gottes Wort. Engel ihm zu hülf / sich rüsten.
Lern / O Christ / von deinem Christus wider Satan führen Krieg.
greiff nach Gott und seinem Worte / so hast du gewissen Sieg“.[82]

Um diesen Sieg zu erringen ist es gut, zunächst auf die Versuchung Jesu unter der Frage zu schauen. Wie schlägt Jesus den Versucher mit Gottes Wort? Der Versucher selbst ist ja auch bibelfest. Für bestimmte Versuchungen hat er prompt eine Begründung aus der Bibel parat.

Jesus ist nach seiner Taufe vierzig Tage in der Wüste. Es ist die Zeit der Stille und der Selbstbesinnung auf seinen Auftrag. In dieser Zeit tritt der Teufel an ihn heran. Matthäus verwendet zwei Begriffe für den Teufel in seinem Bericht. Er spricht einmal von dem Teufel als dem Diabolos. Das lässt sich auch übersetzen mit Durcheianderwerfer. Zum anderen mit Versucher.

Eigentlich war für Jesus alles klar. Für Jesus wird mit seiner Taufe auch sein Auftrag klar gewesen sein. Sein Auftrag ist es, den Menschen mit seiner ganzen Existenz von Gott zu erzählen. Das soll nicht nur mit Worten geschehen. Es soll

[82] Dillherr, S. 296

auch durch Taten deutlich werden. Das ganze Schicksal Jesu ist in den Dienst dieser Verkündigung gestellt.

Dann steigen die Zweifel auf. Jesus wird sich gefragt haben: „Wie soll ich die Menschen erreichen? Werden sie mir glauben?“ Und Jesus bekommt Hunger. Die Steine, die in der judäischen Wüste liegen haben die Form eines Brotlaibes. Sie sind erdgeschichtlich als Sedimentanlagerung um ein kleines Sandkorn herum entstanden. Denn in der erdgeschichtlichen Vergangenheit war das Gebiet eine Zeitlang Meeresgrund. Die Bulbussteine gibt es in unterschiedlichsten Größen. Wäre das nicht ein Möglichkeit, die Menschen zu gewinnen, wenn diese Steine Brot würden? So werden die Gedanken in Jesus aufgetaucht sein. Er wäre dann der Brotkönig und der gemachte Mann für die Sache Gottes. Wie lange aber? Brot sättigt nur den Leib und nicht die Seele. Was, wenn die Menschen dann wieder leiblichen Hunger bekommen? Wäre diese Lösung nachhaltig?

Das Problem des Hungers in dieser Welt kann nicht mit Brot gelöst werden. Das Problem des Hungers ist eine Frage nach den Strukturen und der Verteilung der Güter dieser Erde. Denn es ist eigentlich genug für alle da. Nein! „Der Mensch lebt nicht vom Brot allein, sondern von einem jeden Wort, das aus dem Munde Gottes kommt.“ Und dieses Wort will mehr bewirken als nur eine körperliche Sättigung.

Jesus muss einen Weg gehen. Es ist der Weg von einer Orientierung von der oberflächlichen Äußerlichkeit weg. Er muss sich orientieren auf die hintergründige Wirklichkeit. Dieser Weg ist nicht einfach. Als Brotkönig hätte er garantierte Aussicht auf Erfolg – jedenfalls kurzzeitigen Erfolg gehabt. Die Menschen auf die Hintergründe zu orientieren und sie offen zu legen ist sehr viel anstrengender. Dieser Weg birgt viel stärker die Gefahr des äußeren Scheiterns in sich. Dabei ist dieser Weg aber viel nachhaltiger. Jesus entscheidet sich für den schwierigeren und nachhaltigeren Weg.

Dass Jesus sich so entscheiden würde, war von vornherein nicht klar. Es ist wichtig, dass wir diese Versuchungsgeschichte auch unter dem Aspekt lesen, dass sie die Möglichkeit eines realen Scheiterns in sich birgt. Es wäre möglich gewesen, dass Jesus der Versuchung erliegt. Dann wäre sein Werk zu Ende. Er selbst wäre in der Vergessenheit gelandet. Das tut er nicht, weil er sich auf Gott orientiert. Er entscheidet sich für einen tieferen Blick in das Leben.

„Wäre aber“, so wird es Jesus durch den Kopf gehen, „ein Schauwunder das Richtige?“ Matthäus erzählt, dass der Durcheinanderwerfer Jesus mit in die heilige Stadt nach Jerusalem nimmt. Er steht auf der Zinne des Tempels. Hat Gott nicht zugesagt, dass er seinetwegen den Engeln den Befehl geben wird dafür zu sorgen, dass er seinen Fuß nicht an einen Stein stößt? Jesus hätte Publicity, wenn er ein Schauwunder tut. Oder steht hinter diesen Gedanken die Eigensucht? Würde er springen, so hätte er den Tod gefunden. Und niemand würde mehr von ihm reden. Nein, Gott soll dazu nicht versucht werden, denn die Nachhaltigkeit von Schauwundern ist sehr kurz. Gott orientiert uns auf den normalen Alltag in seiner unspektakulären Weise. Gott wirkt im Kleinen des Lebens und macht es dadurch groß.

„Wäre das Ergreifen von politischer Macht eine Möglichkeit, bleibenden Einfluss auf die Menschen zu gewinnen?" Dazu muss die Macht angebetet werden, weil sie immer den Hang zum Totalitären hat. Aber angebetet werden soll nur Gott allein. Nur er ist heilig, nichts sonst.

Die Kirche ist dieser Versuchung im Verlaufe ihrer Geschichte erlegen. Das ist passiert, als sie mit der staatlichen Gewalt eine Verbindung einging. Im Ansatz standen dahinter gute Absichten. Die Absicht war, dass die Menschen zum Heil geführt werden sollen. Menschen können aber nicht mit Macht zum Heil geführt werden. Und irgendwann entwickeln solche in dieser Weise machtgetränkten Systeme immer auch die Kehrseite, dass andere unterdrückt, ausgegrenzt und abgestoßen werden.

Aus unserer Sicht muss die Verbindung mit der Macht als gescheitert beurteilt werden. Wir sehen das heute in der Welt immer dort, wo religiöse Kräfte sich mit der Macht verbinden und totalitär oder fundamentalistisch werden.

Jesus bleibt auf die Tiefsichtigkeit für das Leben orientiert. Er geht den Dingen auf den Grund. Das ist mühsamer, als einfach an der Oberfläche alles bequem und nach dem Muster schneller Lösungen zu gestalten.

Die Weisheit der Subskription, die in dieser Kirche nicht aufgeschrieben ist, orientiert uns auf Christus selbst:

„Jesus dreymahl wird versucht / von dem Satan / in der Wüsten.
Er schlägt ihn mit Gottes Wort. Engel ihm zu hülf / sich rüsten."

Der zweite Teil der Bilderklärung weist uns auf unser eigenes Leben und unser Lernen von Christus:

„Lern / O Christ / von deinem Christus wider Satan führen Krieg.
greiff nach Gott und seinem Worte / so hast du gewissen Sieg."

Orientieren Sie sich in der Auseinandersetzung mit den Anfechtungen und den Versuchungen des Lebens immer auf die Frage: Sind das nur oberflächliche Lösungen, oder fassen sie ein Problem wirklich bei der Wurzel? Letzteres ist oft schwieriger, weil wir in einer oberflächlichen Zeit leben, in der mitunter der äußere Schein mehr gilt als das Sein dahinter. Das Leben hat dann manchmal eine Schicht des Kampfes. Im Blick auf das gemalte Bild sagte ich am Anfang: Setzen Sie sich selbst an die Stelle des gepanzerten Ritters. „Der Herr ist mein Schild", steht auf dem Schild.

Die Art, wie Jesus mit seinen Ängsten umgeht orientiert uns ganz auf das Vertrauen auf Gott. In dieser Weise wird es gelingen, den Versucher, der uns in unserem Leben verunsichern will und bei unseren Ängsten um das Leben ein Einfallstor finden möchte, außen vor zu halten. So fasst es der Sinnspruch zusammen: „Weil Gott mein Schild ist und mein Hort, treib ich den Teufel tapfer fort". Lassen Sie es sich in diesem Sinne gesagt und gemalt sein, damit unser Leben nach Gottes Phantasie gelingt.
Amen.

Predigtlied: Jesus, hilf siegen, EG 373, 1-4

Fürbittengebet
Gott, himmlischer Vater, wir danken dir für deine Güte, in der du uns immer wieder durch unser Leben begleitest. Du bist uns nahe in den Zweifeln und Anfechtungen. Sie kommen zu uns, wenn wir krank werden oder im Leben vor Entscheidungen und Herausforderungen gestellt werden. Wie wird es mit dem Beruf weitergehen? Werde ich wieder gesund?

Wir danken dir, dass wir uns auf dich orientieren können.
Wir bitten dich für Menschen, die in ihrem Leben suchen nur nach vordergründigen Lösungen. Vordergründige Lösungen bergen die Gefahr des Scheiterns in sich. Begleite du sie, wie ein liebender Vater und wende alles zum Guten.

Wir bitten dich für deine Kirche, dass sie nicht nach Macht strebt und von den Sorgen um das Geld frei wird. Lass sie aus der Mitte des Evangeliums immer wieder leben und schenke, dass wir von dorther die Lösungen für alle äußerlichen Fragen erwarten können und auch erfahren.

Wir bitten dich für uns, dass du uns in der kommenden Woche begleitest. Segne deine Gemeinde und lass sie äußerlich und innerlich immer wieder wachsen. Bewahre uns alle davor der Versuchung zu erliegen und uns auf falsche Lösungen zu verlassen.

Vater unser …

7.10 Von der Traurigkeit Gottes über seine enttäuschte Liebe: Reminiszere

(Gehalten am 10.3.2013)

Ich euch alle schützen solt, aber ihr habt nicht gewollt.

Liebe Gemeinde,
das Bild, das ich diesem Sonntag zugeordnet habe, zeigt auf den ersten Blick eine scheinbar idyllische Szene. Wir blicken in einen Hof. Im Hintergrund wird er begrenzt durch ein Haus. Es ist offenbar das Wohnhaus einer Bauernfamilie. Das Erdgeschoss scheint massiv gemauert und verputzt zu sein. Ab der ersten Etage ist ein Fachwerk zu erkennen; Fachwerk als der für diese Gegend typische Baustil. Wir sehen das Haus aber nicht ganz.

Ich könnte mir vorstellen, dass der Kupferstecher Joachim von Sandrart die Inspiration für diese Architektur durch die Umgebindehäuser erhalten hat. Das passt wieder auch gut zur ursprünglichen Besiedlung dieses Ortes hier in Hermsdorf. In der Bergstraße und der Alten Regensburger Straße sehen wir noch solche Häuser, wobei die Umgebindekonstruktion heute nicht mehr den hölzernen Innenaufbau enthält. Die Wände sind massiv verfüllt.

Auf der rechten Seite wird der Hof durch einen Gebäudegiebel begrenzt. Vielleicht gehört dieses Gebäude aber auch schon zum Nachbargrundstück. Dazwischen ist der Blick in eine weite Landschaft frei gegeben. Im Hof eine Henne, offensichtlich eine Glucke mit ihren im Hof herum scharrenden Küken. Auf den zweiten Blick wandelt sich die Szene. Das Bild kippt um. Aus der Idylle wird eine Katastrophe ganz merkwürdiger Art. Die Glucke sitzt majestätisch thronend, fast teilnahmslos da. Auf ihre im Sand pickenden Kinder stürzt sich offenbar ein Raubvogel. Eins dieser Küken hat er bereits im Schnabel, ein anderes hat er mit seinem Fuß ergriffen. Der Schnabel der Glucke ist geöffnet, so als würde sie schimpfen. Ihr Blick ist auf die Szenerie gerichtet. Dabei bleibt sie aber thronend sitzen. Bei der Haltung der Glucke spüren wir aber wiederum keine Angst, dass auch ihr etwas passieren könnte.

Die Bildunterschrift lautet: „Ich euch alle schützen solt, aber ihr habt nicht gewollt".

Die Küken, so wird deutlich, wollten sich nicht schützen lassen. Offenbar sagt die Glucke das. Das erklärt auch ihre passive Haltung gegenüber dem Raubvogel, den sie nicht abwehrt. Ist sie eine Rabenmutter?

Nein! Der Maler hat hier die Klage Jesu ins Bild gesetzt, wie wir sie im Lukasevangelium im 13. Kapitel lesen: „Jerusalem, Jerusalem, die du tötest die Propheten und steinigst, die zu dir gesandt werden, wie oft habe ich deine Kinder versammeln wollen wie eine Henne ihre Küken unter ihre Flügel, und ihr habt nicht gewollt".

Jesus ist in der Situation der Trauer über Jerusalem. Er geht nach Jerusalem. Und Jesus weiß auch, was ihn dort erwartet. Ihn erwartet die Auslieferung an seine Gegner. Sie werden ihn hinrichten lassen. In der Überlieferung der Evangelien wird dieses Wissen um den Tod immer mit dem Hinweis auf die Auferstehung verbunden. Dennoch ist der Tod Jesu für ihn der wirkliche Tod und ein zunächst wirklich äußerliches Scheitern. Sein Tod geht auf die Ablehnung durch seine Gegner zurück. In seiner Person lehnen sie auch die rettende Gegenwart Gottes ab.

Die Glucke auf unserem Bild ist ein Vergleich für Jesus. Jesus sieht die Gefahr für Jerusalem. Die führenden Machthaber in Jerusalem handeln seit Jahrhunderten nach dem gleichen Muster. Sie töten die Propheten und steinigen die, die Gott zu ihnen gesandt hat. Das hat einen Grund. Die Gesandten Gottes übermitteln immer eine Botschaft von Gott. Und diese Botschaft ist in ihrem Inhalt immer anders, als es den Machthabern lieb wäre.

Vielleicht sind deshalb in dieser Kirche auf der vormaligen ersten Empore auch die Propheten dargestellt. Das wirkt wie eine Erinnerung und ein Hinweis darauf, sich nicht dem Zeitgeist anzuvertrauen. Aber sie sind auch als Ermutigung dargestellt, auf Gott rückhaltlos zu vertrauen.

Für Jerusalem droht so die Zerstörung. So klagt Jesus mit dem Propheten Jeremia: „Seht, euer Haus soll euch wüst gelassen werden".

Jesus geht im Vertrauen auf Gott seinen Weg nach Jerusalem. Aber er muss feststellen, dass seine Liebe enttäuscht wurde: „Jerusalem, Jerusalem, die du tötest die Propheten und steinigst, die zu dir gesandt sind, wie oft habe ich deine Kinder versammeln wollen wie eine Henne ihre Küken unter ihren Flügeln, und ihr habt nicht gewollt". Jesus geht mit seiner enttäuschten Liebe zu seinem Volk offen um. Er trauert. Dieses Eingeständnis von diesem Gefühl ist der erste Schritt mit Enttäuschungen fertig zu werden. Er weiß, dass er in Jerusalem auch abgelehnt wird. Das Bild von der Henne und den Küken, von der Glucke und den Küken ist liebevoll und mütterlich. Dabei entspringt die Trauer nicht einer Enttäuschung über die Ablehnung seiner Person. Die Trauer entspringt dem Wissen, was passiert, wenn Menschen versuchen ihren Weg und ihre Wege ohne Gott zu gehen. Das Haus wird wüst sein. Das Haus des Herrn in Jerusalem, der Tempel, der bis heute zerstört ist. Das Haus des Lebens, das wüst wird, wenn es von Gott verlassen erscheint. Das betrifft auch das Haus unseres Lebens.

Auf dem Bild ist das durch den Angriff des Raubvogels auf die Küken dargestellt. Dabei wird die Trauer Gottes über uns Menschen sichtbar, wenn wir versuchen, den Weg des Lebens ohne ihn zu gehen.

Nicht wahr – die Konsequenzen sind in unserer Welt deutlich, die es hat, den Weg des Lebens ohne Gott zu gehen. Jesus lädt ein, Mut zur Trauer darüber zu haben. Es ist die Trauer über alle Ebenen, wenn Menschen ohne Gott in ihr Unglück gehen.

Die unterschiedliche und ungerechte Verteilung der Güter diese Erde hat darin ihre Ursache, dass Menschen ihre Wege ohne Gott gehen. Die Menschen sind nur im Vertrauen auf ihren Vorteil, ihre Macht und ihren Einfluss. Das Schicksal der Flüchtlinge aus den Schwellenländern ist darin begründet. Diese fliehenden Menschen suchen nach einer Heimat, in der sie in Würde leben können. Das hat seinen Grund darin, dass die Machthaber der Welt ihren Weg ohne Gott gehen. Die Orientierungslosigkeit junger Menschen ist in unserer Gesellschaft darin begründet. Manche Familien in der vierten oder fünften säkularisierten Generation haben vergessen, dass sie Gott vergessen haben, wie es Altbischof Noack immer sagte. Und es stellt sich so ein unbestimmtes Gefühl ein, dass dem Leben doch etwas fehlt. Denn die Äußerlichkeiten des Lebens sind nicht der Sinn des Lebens.

Wenn uns das auch traurig macht, wie es Jesus traurig macht, lädt er ein, mutig auf Gott zu hoffen. Gott kommt uns liebend entgegen.

Die Tür zu Gott ist für diese Welt nicht zu. Jesus sagt den Menschen: „Ihr werdet mich zwar nicht mehr sehen. Aber es kommt die Zeit, da werdet ihr sagen: Gelobt sei, der da kommt im Namen des Herrn“.

Jesus dachte an seine Wiederkunft am letzten Tag der Zeit. Dieser Tag ist nicht berechenbar. Wir gehen ihm entgegen. Wir wissen nicht wann der letzte Tag sein wird. Aber dieser Tag hat auch eine Seite, die ganz in unserer Gegenwart ist. Anders würde uns sein Kommen nichts nützen. Der Tag seines Kommens ereignet sich immer dann, wenn wir Gottes Eingreifen in unserem Leben hilfreich spüren und sehen können.

Gott greift zum Beispiel immer dann ein, wenn unsere Lebensdunkelheiten hell werden. Das ist immer da der Fall, wenn sich zunächst unlösbare Situationen klären. Wenn sie sich klären in dem Sinne, dass ich verstehe, warum ich auf einen Ausbildungsplatz oder eine Arbeitsstelle habe lange warten müssen. Das ist aber auch dann der Fall, wenn sich plötzlich ein Weg in die Zukunft zeigt, den ich gehen kann.

Der Tag Gottes ereignet sich dann, wenn die Lebensdunkelheiten hell werden. Wenn sich unter der Erfahrung einer Krankheit vielleicht auf einmal ein neuer Blick auf das eigene Leben ergibt. Wie das geschieht wissen wir nie im Voraus.

Der Tag Gottes ereignet sich dann, wenn die Lebensdunkelheiten hell werden. Das kann auch dann sein, wenn wir einen als schmerzlich erlebten Abschied in der Versöhnung mit dem Leben annehmen können.

Das Emporenbild malt uns buchstäblich die Trauer Gottes darüber vor Augen, dass sich seine Kinder von ihm abwenden. Das ist so wie wenn Küken sich von ihrer Gluckenmutter nicht schützen lassen wollen. Gleichzeitig öffnet es uns immer wieder die Tür, auf Gottes Zuwendung einzugehen, unser Leben in ihm zu begründen und fest zu machen. Dann werden wir sein Eingreifen erfahren, auch in den schweren Situationen des Lebens.
Amen.

Predigtlied: In Ängsten die einen, EG 626,1+2

Fürbittengebet
Wir danken dir, Gott, dass du uns den Weg des Lebens vorausgehst. Du gehst diesen Weg voraus und kennst ihn. Manchmal scheint die Zukunft für uns dunkel zu sein. Aber du bist das Licht in der Dunkelheit. Stärke unser Vertrauen zu dir, damit wir dir mutig nachfolgen in einer Welt und einem Leben, das oft vom undurchdringlichen Dunkel überschattet scheint. Lehre uns das Vertrauen, dass am Ende alles voller Sinn sein wird. Wir rufen zu dir:

Gemeinde: Herr, erbarme dich!

Wir danken dir, dass du uns begleitest und sammelst, wie eine Henne ihre Kücken. In der Unübersichtlichkeit mancher Lebenssituation brauchen wir diesen Halt. Und es gibt so viele Menschen, die den Halt in dir brauchen. Wir denken an die Menschen, die auf der Flucht sind, weil wirtschaftliche Unsicherheit oder bürgerkriegsähnliche Unruhen sie aus ihrer Heimat vertreiben. Und wir denken an die Verantwortlichen in Wirtschaft und Politik in dieser Welt. Orientiere sie auf die Sorge für das Wohl der Menschen und lass sie zu Friedensstiftern werden. Wir rufen zu dir:

Gemeinde: Herr, erbarme dich!

In der Fürsorge für uns schenkst du uns, was wir zum Leben brauchen. Dafür danken wir dir. Wir denken aber an die Menschen, die sich Sorgen um die Zukunft für das Leben machen: Die Eltern, die für ihre Kinder auf einen Ausbildungsplatz und eine Arbeit hoffen. Wir bitten für die Jugendlichen, dass sie eine klare Perspektive behalten, in der sie auch ihre Kreativität und Phantasie immer neu entfalten können. Wir bitten dich für die alten Menschen, dass sie ihr Leben als Schatz reicher Erfahrungen immer neu entdecken. Lass diesen Schatz zur Quelle von Weisheit für die Menschen in ihrer Umgebung werden. Wir rufen zu dir:

Gemeinde: Herr, erbarme dich!

Wir bitten dich für deine Kirche, dass sie allezeit beständig in der Nachfolge bleibt. Stärke die Gemeinden darin, dass sie glaubhafte Zeuginnen deiner Gegenwart sind. Erneuere deine Kirche immer wieder dazu, die Botschaft deiner liebenden Nähe so sagen zu können, dass sie die Menschen erreicht. Fange mit der Erneuerung bei jedem einzelnen von uns an, die wir alle von dir in der Taufe gerufen sind, deine Jüngerinnen und Jünger zu sein. Und gehe mit uns mit durch die Zeit, die unmittelbar vor uns liegt.

Vater unser …

7.11 Was unser Gewissen schärft oder trübt: Judika

(Gehalten am 24.3.2013)

Wer sein Gewissen nicht versehrt, der ist voll freud und wohl bewehrt.

Liebe Gemeinde,
in dem Thema des heutigen Emporenbildes geht es auf den ersten Blick um die Frage nach dem Gewissen. Die Vorlagen der Emporenbilder stammen ja aus der Haus – und Reisepostill von Johann Michael Dilherr mit dem Titel: „Hertz – und Seelen – Speise“ von 1663. Zu diesem Bild ist eine Predigt von Dilherr über Joh. 8,46-59 überliefert. Es geht in diesem Text um ein Streitgespräch, das Jesus mit seinen Gegnern über seine Ehre durch Gott und seine Gottessohnschaft führt. Am Ende dieses Streitgespräches wollen ihn seine Gegner steinigen.

Die Auslegung Dilherrs zu diesem Text hat eine ausgesprochen antijüdische Spitze. In der Predigt erscheint Jesus als jemand mit einem guten Gewissen. Auf Grund dieses guten Gewissens kann er seinen Standpunkt verteidigen. Die Uneinsichtigen sind nach dieser Auslegung die Juden, von denen Jesus verlästert wird. Die Predigt selbst nimmt keinen Bezug auf das Bild außer in der zusammenfassenden Erklärung.

Nach heutiger theologischer Erkenntnis ist eine solche Textauslegung nicht mehr möglich. Jesus ist selbst Jude. Er kann den Juden nicht in dieser kontrastierenden Weise gegenüber gestellt werden. Das Johannesevangelium redet von den Feinden pauschal als von den Juden. Historisch sind die Gegner Jesu aber nur eine bestimmte Partei.

Die Bibeltext Joh. 8,46-59 selbst kommt heute nur noch als so genannter Marginaltext – also als Ausweichtext – für den Sonntag Reminiszere vor.

Das Bild malt uns mit der Frage nach dem Gewissen aber eine wichtige Problematik vor Augen. Es lohnt sich dieser Frage nachzugehen. Dabei werden wir heute behutsamer und differenzierter vorgehen müssen. Wir werden mit dem Thema auch zu keinem abschließenden Urteil kommen, weil die Frage nach dem Gewissen immer auch eine Frage nach der jeweiligen Zeit ist, von der ethisches Empfinden und Handeln geprägt wird.

Zunächst möchte ich uns auf das Bild orientieren. Es zeigt ein mit einem Lorbeerkranz gekröntes Herz. Das Herz ist immer Symbol für unsere eigene Haltung. Wir haben das Herzsymbol ja öfter schon betrachtet – etwa bei dem Beschneidungsbild. Auch dort ist es Symbol für die vertrauensvolle Haltung des Glaubens gegenüber Gott.

Die Krönung mit dem Lorbeerkranz ist Zeichen eines Sieges. Es sind ja um die Harfe herum Kriegsinstrumentarien aufgestellt: Kanonen und Gewehre. Es handelt sich bei dem Sieg um den Sieg über die Gegner oder in irgendeiner Weise etwas Schlechtes.

Die Harfe symbolisiert die Unschuld. Der biblische Bezug für diese Deutung ist das Harfenspiel Davids am Hofe Sauls. Saul wird von einer bösen Schwermut heimgesucht. Um sie zu vertreiben, wird jemand gesucht, der Harfe spielen kann. Beim Hören von Musik verschwindet die Schwermut. Schließlich wird David gefunden. Wenn David vor König Saul Harfe spielt, verschwindet die Schwermut. Schuldig wird Saul dann an David, als er eines Tages versucht ihn aus Neid mit einem Speer zu töten. Später verfolgt Saul David sogar.

Das gekrönte Herz liegt auf einer Harfe. Das ist in diesem Bild gemaltes Symbol für ein gutes Gewissen. Das Herz hat über die Schuld gesiegt. Und dieser Sieg ist von Gott anerkannt. Durch ihn hat das Herz die Lorbeerkrone empfangen.

Die Seele ist sich ihrer Unschuld bewusst. Und Gott bestätigt die Unschuld und das gute Gewissen. Die Seele – der Mensch – hat sein Gewissen nicht versehrt – also unversehrt gelassen. Es ist durch eigene Schuld nicht verletzt worden. Das gibt Ruhe und Gelassenheit. So sagt es der Sinnspruch: „Wer sein Gewissen nicht versehrt, der ist voll freud und wohl bewehrt."

Haben Sie, liebe Gemeinde, ein so gutes Gewissen? Können Sie sich in diesem Bild so wiederfinden? Wir verweilen an dieser Stelle kurz. ….

Es fällt mir schwer, mich so zu sehen, weil ich um eine Menge von eigenem Versagen weiß. Und ich weiß auch, dass ich im Nachhinein manches hätte anders machen müssen. Von eigener Schuld kann man angegriffen und angefochten werden, selbst wenn sie vergeben ist. Da sind die Kriegsinstrumente. Sie sind gegen die ungerechtfertigten Anwürfe gerichtet. Diese Anwürfe kommen nicht nur aus dem eigenen Inneren. Sie kommen auch von außen, wenn Menschen uns in Schuld verwickeln wollen, die nicht unsere Schuld ist. Das geschieht mitunter durch ungerechtfertigte Vorwürfe. Es kann auch sein, dass wir dann anfangen, Lasten zu tragen, die eigentlich nicht unsere Lasten sind. Dagegen gilt es sich kräftig zu wehren, wenn es Not tut. Und vielleicht haben wir manchmal deshalb das Gefühl, dass wir die Tür zum Leben nicht aufbekommen oder uns beladen und schwermütig fühlen ohne äußeren Grund. Eben weil wir die Lasten anderer mit uns herumschleppen. Unser Gewissen trägt dann eine Last, die nicht unsere Last ist.[83]

Was aber ist das Gewissen? Das Gewissen ist das Organ der Seele, das sensibel ist, in den einzelnen Situationen den Willen Gottes wahrzunehmen und zu erkennen. Das Gewissen bedarf daher der Sensibilisierung, im richtigen Moment das Richtige als das Gute zu erkennen. Dabei muss es das vom Bösen unterscheiden können. Das Gewissen braucht eine Schärfung.

Woran soll es sich orientieren? Gibt es dafür Beispiele? Das Gewissen kann getrübt sein. Das kann einmal damit zusammenhängen, dass bestimmte Dinge als gegeben betrachtet werden. Das betrifft etwa den Umgang mit Krankheiten in der Geschichte. Sie wurden mitunter als Strafe betrachtet. Damit war auch unklar, ob sie behandelt werden können. Das hatte nicht nur etwas mit dem Standard der Medizin zu tun, sondern auch mit einer grundlegenden Haltung einer Krankheit gegenüber. Wir haben heute eine Haltung, wo uns die Antwort klar ist, und sich von den Ärzten niemand in seinem Gewissen mit dieser Frage belasten muss, ob der Krankheiten behandeln darf. Gott sei Dank!

Andererseits kann das Gewissen getrübt sein, weil es manipuliert wurde. Beispiele haben wir bei Indoktrinationen durch totalitäre Diktaturen. Damit ist zum Beispiel erklärbar, warum ehemalige Stasileute ihr Handeln nicht als Schuld begreifen können. Andererseits nutzt die Werbung bestimmte Mechanismen, das Unterbewusstsein so zu manipulieren, dass Kunden ein bestimmtes Produkt kaufen. Diese Praxis hat etwas mit der Diktatur des Geldes zu tun und ist insofern ethisch verwerflich, weil Manipulation immer den freien Willen des Menschen einschränkt.

Für die Schärfung des Gewissens sind das Wissen und die Kenntnis des Willens Gottes notwendig. Damit ist die Frage nach einem Inhalt gestellt. Gleichzeitig muss ich in der Lage sein, diesen Inhalt auf mein Leben zu übertragen. An welchen Stellen komme ich mit welchen Geboten in Konflikt. Wie gehe ich damit um? Was will Gott von mir in meinem Leben, wo es kein klares Gebot dafür gibt. Das kann die Frage nach der Loyalität gegenüber einem Staatsgebilde oder einer Ideologie betreffen. Das kann auch die Frage betreffen, welche Urteile ich über andere

---

[83] Das Tragen fremder Lasten und mitunter fremder Schuldgefühle ist ein Gedanke der systemischen Psychologie, dargestellt z. B. in: Holitzka, Marlies; Remmert, Elisabeth: Systemische Familienaufstellung, Schirner Verlag, 5. Auflage 2010

Menschen in meinen Gedanken fälle. Die Gedanken sind zwar frei. Aber aus was kommt welcher Gedanke? Kommt er aus der Einsicht in den Willen Gottes oder aus der Anpassung an eine allgemeine Meinung oder so etwas.

Das ist ein Punkt, an dem es bereits in der frühen Gemeinde einen Konflikt gab. Dieser Konflikt betraf eine für uns heute recht weit hergeholte Frage: Darf man als Christ Fleisch essen, das bei Opferhandlungen für fremde Götter angefallen ist und anschließend auf dem Markt verkauft wird. Es gab in der frühen Gemeinde dazu zwei Haltungen. Die einen haben gesagt: „Für uns existieren die fremden Götter nicht mehr. Wir gehören mit unserer Taufe zu Christus. Das Essen von Opferfleisch kann mich nicht in Abhängigkeit zu diesen Göttern bringen, die es nicht gibt".

Die anderen haben gesagt: „Ich bin froh, dass ich Christus gefunden habe. Die anderen Götter waren für mich so real, dass ich nicht wieder in ihre Abhängigkeit geraten will. Das Essen von Opferfleisch wäre für mich unmöglich".

Dieses Problem wird im Römerbrief im Kapitel 14 verhandelt und im 1. Korintherbrief im 10. Kapitel. So lesen wir beispielsweise im Römerbrief: „Zerstöre nicht um der Speise willen Gottes Werk. Es ist zwar alles rein, aber es ist nicht gut für den, der es mit schlechtem Gewissen isst. Es ist besser, du isst kein Fleisch und trinkst keinen Wein und tust nichts, woran sich dein Bruder stößt" (Röm. 14,20f.). Im 1. Korintherbrief schreibt Paulus: „Wenn aber jemand zu euch sagen würde: Das ist Opferfleisch, so esst nicht davon, um dessentwillen, der es euch gesagt hat, damit ihr das Gewissen nicht beschwert. Ich rede aber nicht von meinem eigenen Gewissen, sondern von dem des anderen. Denn warum sollte ich das Gewissen eines anderen über meine Freiheit urteilen lassen" (1. Kor. 10,28f.).

Charakteristisch ist in beiden Stellen, dass es zunächst nicht um mich geht, sondern um den Anderen. Objektiv betrachtet sagt Paulus, dass es nicht schadet, Opferfleisch zu essen. Es schadet aber dann der Gemeinschaft, wenn es zur Belastung des Gewissens für andere wird. Wenn das passiert, muss ich dann schon selber ein schlechtes Gewissen haben. Das oberste Kriterium kann nicht meine eigene innere Freiheit sein.

Eine Sache aus dem Blick eines anderen zu sehen ist hier bei Paulus ein wichtiges Kriterium für die Frage nach dem Gewissen. Auch dies erfordert eine Schärfung und eine Sensibilität für das, was dem anderen wichtig ist und gut tut.

Wir könnten natürlich zurückfragen, ob das Gewissen des anderen nicht getrübt oder manipuliert sein kann? Natürlich kann das sein! Aber Rücksichtslosigkeit hilft nicht zur Klärung des Gewissens bei einem anderen. Hier ist das Gespräch notwendig.

Ob mein Gewissen ruhig und unversehrt ist, hängt folglich immer auch von der Beziehung zu den anderen ab. Wir müssten das Emporenbild weitermalen. Bei dem Herz und der Harfe als Symbol für das unversehrte Gewissen müssten noch Symbole für die Kommunikation mit anderen Menschen sein, ein Handy vielleicht oder eine Brücke, die es ermöglichen miteinander im Kontakt zu bleiben.

Sie merken, liebe Gemeinde, es gibt hierzu kein abschließendes Urteil und kein endgültiges Ergebnis. Solch ein Urteil und solch ein Ergebnis gibt es nicht, weil uns das Leben immer vor neue Herausforderungen stellt, in denen der Wille Gottes immer wieder neu und mitunter immer wieder anders realisiert werden muss. Wir können lediglich unser Gewissen schärfen durch ein immer neues Suchen und Fragen nach dem Willen Gottes für uns. Und wir können uns so immer neu in Gottes Wort hinein versenken. Durch das Wort Gottes werden wir verändert. Die Bilder in dieser Kirche sind genau dafür die große Einladung und Möglichkeit. Lassen Sie es sich auf diese Weise gemalt sein.
Amen

Predigtlied: Mir nach, spricht Christus, unser Held, EG 385,1-3

Fürbittengebet

Guter Gott, du willst, dass unser Leben gelingt. Du möchtest auch, dass wir deinen Willen tun. Du sprichst uns unmittelbar an. Das nehmen wir wahr, wenn unser Gewissen gut oder schlecht ist.

Manchmal ist es nicht einfach, die vielen Stimmen zu unterscheiden, die auf uns einwirken. Wir hören nicht nur deine Stimme. Wir sind umgeben von einer Vielzahl von Angeboten, Weisungen, Ratschlägen und Versprechungen für ein besseres Leben. Oft ist es schwer, deine Stimme zu hören.

Schenke uns immer wieder das Licht der ungetrübten Erkenntnis deines Willens.
Schenke uns immer wieder den Mut, nicht gegen unser Gewissen und dich zu handeln.

Besonders bitten wir dich für die, die in Politik, Wirtschaft, Forschung und Rechtssprechung in ihrem Gewissen herausgefordert sind, wenn sie mit den Grenzen des Lebens umgehen und Entscheidungen treffen müssen. Lass ihnen dein Licht der Klarheit leuchten, dass dein Wille und deine Gegenwart Raum gewinnen in dieser Welt. Wir rufen zu dir:

Gemeinde: Herr, erbarme dich!

Wir bitten dich auch für deine Kirche. Lass sie in dieser Welt Anwältin für die sein, um die sich keine kümmert und für die sich keiner einsetzt. Schenke deiner Kirche immer wieder den Mut, aus der Erkenntnis deines Willens in der Zeit so zu handeln, dass deine Liebe sichtbar wird. Wir rufen zu dir:

Gemeinde: Herr, erbarme dich!

Wir bitten dich für uns selbst, dass wir aufmerksam bleiben, wer uns in unserem Alltag besonders braucht. Lass uns gegenüber den Schwächen der anderen achtsam sein, respektvoll gegenüber den Stärken der anderen und dankbar, wenn wir einander mit den Gaben beschenken und bereichern nach deiner Phantasie. Wir rufen zu dir:

Gemeinde: Herr, erbarme dich!

Du begleitest uns, guter Gott in der Wanderung unseres Lebens. Du erleuchtest uns durch die Klarheit deiner Weisung. Lass uns daraus Kraft schöpfen für die Fälle unseres Lebens, in denen unsere Entscheidung gefordert ist.

Vater unser …

7.12 In Ohnmacht offenbart Gott Allmacht: Karfreitag

(Gehalten am 29.3.2013)

Die Lection von Kreutzes-Stand, ist der Vernunft sehr unbekannd.

Liebe Gemeinde,

„Die Lection von Kreutzes - Stand ist der Vernunft sehr unbekannd". So lautet das Motto des Bildes, das ich im Rahmen dieses Predigtprojektes dem Karfreitag zugeordnet habe. Wenn wir das Bild selbst betrachten sehen wir ein Zelt. In diesem Zelt befindet sich ein Tisch. Auf dem Tisch ist das Kruzifix zu erkennen. Unter dem Gekreuzigten liegt ein Totenschädel. Der Schädel symbolisiert den Tod selbst. Der Gekreuzigte steht über dem Tod. Jesus triumphiert in seinem Sterben über den Tod. Das alles ist eingehüllt in ein Zelt. Das Zelt ist hier nicht das Stiftszelt als ein Heiligtum. Das Zelt steht für eine Verhüllung des Kreuzes vor dem Verstand. Beinahe scheint es als sollte durch die Zeltdecken die Erbärmlichkeit des Kreuzes diskret bedeckt werden; nach dem Motto: Ist ja alles so schlimm.

Der heutige Betrachter dieses Bildes könnte auch gut an die Verdrängung von Leid aus unserer Gesellschaft erinnert sein. Das Sterben ist meist auf die Intensivstationen der Krankenhäuser verlegt. Und in unserer Sprache hat sich eine Verdrängung eingeschlichen. In einer merkwürdigen Prüderie schweigen wir in unserer Gesellschaft über dieses Thema. Die Menschen bauen sich damit manchmal eine Illusion auf, so als würde sie das Thema des Sterbens niemals betreffen, indem sie einfach nicht darüber reden. Umso hilfloser sind sie, wenn sie dann doch damit konfrontiert werden.

Das Bild ist allerdings in einer Zeit gemalt worden, in der das Sterben in das Leben voll integriert war. Tatsächlich geht es um die Verborgenheit des Kreuzes vor den Maßstäben der Welt. Darum der Sinnspruch: „Die Lection von Kreutzes-Stand ist der Vernunft sehr unbekannd". Das will sagen: Der Kreuzestod Jesu erscheint als unvernünftig. Er ist in mehrfacher Hinsicht unvernünftig und mit den Mitteln der Logik dieser Welt zunächst nicht zu verstehen.

Das führt uns zu einem biblischen Zusammenhang im 1. Korintherbrief, in dem Paulus diesen Gedanken ausspricht: „Das Wort vom Kreuz ist denen eine Torheit, die verloren gehen, denen, die gerettet werden, ist es eine Kraft von Gott. Denn so steht geschrieben: Ich will verderben die Weisheit der Weisen und den Verstand der Verstehenden will ich wegwerfen" (1. Kor. 1,18f).

Der Karfreitag heute als der Gedenktag des Sterbens Jesu lenkt unseren Blick in besonderer Weise auf das Kreuz. Unser Blick soll unverdeckt sein. Wir könnten dieses Bild dahingehend weiter malen, dass wir die Zeltdecke entfernen und so einen unverstellten Blick auf das Kreuz und damit auf das Sterben Jesu bekommen. Was sehen wir? Was erkennen wir? Was können wir für unser eigenes Leben erfassen?

Wir sehen mit dem Blick auf das Kreuz zunächst ein äußeres Scheitern. Noch sinnfälliger ist das natürlich in dem Kreuz dieser Kirche dargestellt, das in seiner Lebensgröße den gesamten Altarbereich beherrscht. Gott offenbart sich in dem Kreuz in besonderer Weise. Er offenbart sich als ein äußerlich scheiternder Gott. Die zentralen Zeichen der Offenbarung nach unserem Glauben sind Zeichen der äußeren Schwäche. In dieser Kirche ist das gut zusammen geordnet: Das Kreuz, das den Altarraum bestimmt. Und über dem Altarraum sehen wir in der Weihnachtsdarstellung Jesus in der Krippe. Auch das ist eine Offenbarung im Zeichen der Schwäche und der Hilflosigkeit. Gott wird als er Mensch wurde, zunächst ein kleines hilfloses Kind.

Ist Gott aber nicht allmächtig? Jedenfalls bekennen wir ihn so. Ja, Gott ist allmächtig. Ausdruck dieser Allmacht ist, dass er sich in das Leid hinabbeugt. In unserem Denken ist oft Allmacht verbunden mit der Ausübung von Gewalt gegen etwas. Wir würden unausgesprochen erwarten, dass die Allmacht Gottes sich als Macht gegen etwas Böses erweisen müsste: Wir haben die Vorstellung, dass sich diese Macht in der Passion Jesu als Gewalt gegen die Folterer Jesu zeigen müsste. Diese Allmacht müsste sich auch als Gewalt zeigen, die die Verfolger des kleinen Jesus – Kindes in Gestalt des König Herodes physisch ausschaltet. Genau das passiert aber nicht.

Es passiert ja auch nicht notwendig, dass Gott wie ein Luftkissenpolster zwischen zwei zusammenstoßenden Autos da ist. Es passiert auch nicht, dass wir vor bestimmten Erkrankungen bewahrt bleiben. Hier haben wir unbewusst auch die Erwartung, dass Gott gegen das Leiden eingreift. Es passiert aber nicht.

Dieser Wunsch und diese Erwartung entspringen unserer Schwäche, das Leiden bewusst anzunehmen. Das ist auch verständlich, weil Leiden so schlimm ist, so sinnlos und so unwürdig. Es gehört zu den dunklen Geheimnissen des Lebens. Das Leben wird durch Gott an dieser Stelle nicht verändert. Gott hat aber die Macht, in unser Leiden einzusteigen und es mit zu tragen. Diese Macht haben wir nicht, weil wir von der Angst vor dem Leid bestimmt sind. Gott bringt selbst seinen ganz anderen Horizont mit, und stellt sich in den Leidsituationen neben uns. So erweist sich das Kreuz plötzlich als eine Macht zur Rettung im Leid der Welt. Das ist und bleibt nach den Maßstäben der Vernunft unlogisch und unverständlich.

Wir erkennen in dem Leiden einen allmächtigen Gott, der so stark ist, dass er sich in den Zeichen der Ohnmacht mitteilt. Gott selbst braucht das eigentlich nicht. Er könnte auch gut ohne Leid auskommen. Aber wir brauchen jemanden, der sich uns in unserem Leben an die Seite stellt. Wir brauchen jemanden, der bei uns ist, wenn uns das Schicksal schlägt und das Leid betrifft.

Was trägt das für unser Leben aus?

Wir sind hier an einem Punkt angekommen, an dem wir aus dem Bereich der Erklärung in den Bereich der Erfahrung einsteigen müssen. Erklärt werden können die unterschiedlichen Inhalte von Macht und Ohnmacht, von Vernunft und Unvernunft, von dem Gegenüber von Gott und Welt. Und wir können sagen, dass die Offenbarung der Stärke Gottes in der Schwachheit der Welt alle die stärkt, die in Schwachheit sind. Das ist der Vernunft unbekannt, wie der Sinnspruch es sagt oder eine Torheit, eine Dummheit für die, die auf Gott nicht vertrauen.

In den Bereich der Erfahrung einsteigen heißt: Mit diesem Gott leben. Sich bewusst in die Nähe Gottes stellen, wenn für uns das Leben durch Leiden unwürdig, schlimm und sinnlos wird. Sich mit Gott in Beziehung setzen wird die Situation in diesen Fällen nicht ändern. Krankheiten behalten ihre zerstörerische Kraft. Der Tod eines Menschen zieht uns in den Sumpf der Traurigkeit. Spannungen mit anderen Menschen machen uns hilflos oder wütend. Das zerbrechen von Träumen bleibt bitter. Das alles bleibt wie es ist. Es ändert sich nicht.

Was sich durch die Nähe zu Gott aber ändert, sind wir selbst. Wir können uns wahrnehmen als Menschen, die dann einen Halt haben, weil Gott unsere Füße auf weiten Raum stellt. Und weil er uns selbst in den weiten Horizont seiner Möglichkeiten stellt, die größer sind als die Macht des Leides überhaupt.

Das ist die Rettung im Leid durch den nahen Gott.

Das Bild malt uns diesen Gott vor Augen. Diese Kirche erzählt mit ihrem Kreuz davon. Mögen wir in diesem Weise einen tröstlichen Karfreitag feiern.

Amen.

Predigtlied: Du großer Schmerzensmann, EG 87,1+3+5+6

Fürbittengebet

Wir kommen mit unserem Dank unter dein Kreuz. Du hast den Schmerz, das Leid, die Entwürdigung und den Tod nicht gescheut. Das ist äußerliche Schwäche. Du bist uns darin nahe, wenn wir am Ende schwach sind. Dazu bedarf es nicht des Lebensendes. Es gibt so viele Grenzen in unserem Leben, an denen wir uns so erleben. Du bist uns nahe. Darum kommen wir mit unserem Dank für seine Nähe. Wir rufen zu dir:

Gemeinde: Herr, erhöre uns!

Wir kommen mit unserem Staunen unter dein Kreuz. Die äußere Schwäche deines Sterbens erweist sich als Stärke durch die Auferstehung. Du bist weiter, größer und mächtiger als alle Dunkelheiten des Lebens und der Welt. Mitunter strahlt davon etwas auf, wenn wir auf unsere Fragen jetzt schon Antworten finden, wenn unsere Klagen gehört werden und unsere Dunkelheiten durch deine Nähe neu erscheinen. Bewahre uns diese Aufmerksamkeit für dich und für uns. Wir rufen zu dir:

Gemeinde: Herr, erhöre uns!

Wir kommen mit unserer Klage unter dein Kreuz. So vieles ist in dieser Welt scheinbar nicht zu lösen: der Hunger, die Kriege, sinnlose Gewalt, der zu frühe Tod von Menschen ….
Wir können es unter dein Kreuz legen. Verändere du diese Welt und lass uns den Platz finden, an dem wir wirken können. Lass uns tapfer sein, wo wir nichts verändern können. Und schenke uns die Kraft auszuhalten, was im Moment nicht zu ändern ist. Wir rufen zu dir:

Gemeinde: Herr, erhöre uns!

Der Schatten und das Licht deines Kreuzes durchqueren die Strukturen und Kräfte, die Leben zerstören. Durch den Schatten und das Licht deines Kreuzes scheint das neue Leben auf, das durch dich begonnen hat. In dieses Leben stimmen wir ein, wenn wir gemäß deiner Weisung beten:

Vater unser …

7.13 In Gottes Licht ist alles anders: Ostern

(Gehalten am 31.3.2013)

Wer fleisig Gottes Wort betracht, deßselben Hertz Gott brennend macht.

Liebe Gemeinde,
zwei Jünger gehen aus Jerusalem heraus. Sie haben eben das Stadttor durchschritten. Nun gehen sie auf einem Weg durch die Landschaft. Ich stelle mir vor, dass die Sonne an diesem Tag scheint, wie es oft der Fall in Israel ist. Aber die inneren Gefühle der Beiden stimmen mit der äußeren Wettersituation nicht überein. In ihnen ist es nicht hell.

In ihren Seelen und Herzen ist es dunkel. Zunächst gehen sie schweigend. Da ist ein großer Stein am Weg. Fast möchte man dort Platz nehmen und verweilen. Der Stein ist so wie ein Tisch. „Erinnerst du dich?", fragt der eine vielleicht, „wie es war, als wir mit ihm zusammen saßen und das Passamahl feierten". „Ja", sagte der andere. „Das Brot hat er uns ausgeteilt. Er will bei uns sein, wie das Brot bei uns ist, wenn wir es teilen." „Nun ist es schon drei Tage her", sagt der andere, „dass er gekreuzigt wurde. Nun ist alles aus. Im Moment spüre ich ihn auch nicht. Es ist alles leer". So gehen sie schweigend. Das Dunkel ihres Herzens bestimmt sie ganz.

Mitunter geht es uns in der Situation der Trauer auch so. Wir haben unsere Erinnerungen, die uns mit den Verstorbenen verbinden. Wir sind einerseits dankbar dafür. Andererseits tun solche Erinnerungen offensichtlich auch weh. Menschen erzählen manchmal davon, wenn sie von einem Schicksalsschlag zu einem bestimmten Zeitpunkt getroffen wurden. Es schmerzt sie dann, wenn dieser Zeitpunkt wiederkehrt. Das können Erinnerungstage an solche Ereignisse sein. Das können auch Feste sein. Ich höre das manchmal von Menschen, die mir erzählen, dass sie in einem bestimmten Jahr zu Weihnachten etwas Schweres erlebt haben. Immer, wenn es dann wieder Weihnachten wird, legt sich wie ein dunkler Schleier auf sie.

Ich stelle mir vor, die Jünger, die nach Emmaus gehen, haben solche Erinnerungen. Die sind in der Sache eigentlich positiv. Weihnachten für ist uns positiv. Das Passamahl ist für die Jünger in sich positiv. Aber in der Verbindung mit dem Schlag des Schicksals wird auf einmal alles anders.

Da nähert sich ihnen jemand. Sie erkennen ihn nicht. Sie können ihn auch nicht erkennen. „Was sind das für Dinge, die ihr da miteinander besprecht?", fragt der Unerkannte. Das macht die beiden Jünger noch trauriger, weil hier jemand offensichtlich an den Ereignissen der Stadt völlig blind oder völlig interesselos vorbeigeht. „Bist du der einzige, der nicht mitbekommen hat, was in Jerusalem passiert ist?", fragt der eine Jünger, der auch mit Namen bekannt ist: Kleopas. „Was ist denn passiert?", fragt der Unerkannte.

So zu fragen eröffnet einen Raum des Trostes. Zum Trost gehört die Klage. So erzählen sie: „Wir hatten große Hoffnungen. Wir hatten erlebt, dass Jesus sich als Prophet ausgewiesen hat. Wir hatten gehofft, dass er Israel erlöst. Unsere Oberen haben ihn der Todesstrafe ausgeliefert. Nun ist es schon der dritte Tag her. Vor drei Tagen wurde er gekreuzigt. Damit ist unsere ganze Hoffnung dahin. Er steht unter dem Fluch des Kreuzes und alles ist vorbei. Dann haben uns Frauen erschreckt. Die haben behauptet, sie hätten seinen Leib im Grab nicht gefunden. Aber Engel wären ihnen erschienen, die gesagt haben, dass er lebt." So erzählen Kleopas und der andere Jünger.

Ich stelle mir vor, dass es den Jüngern gut tut, dass der Unbekannte nach ihren Erlebnissen fragt. Wenn Menschen in dieser Weise über ihr Innerstes miteinander ins Gespräch kommen, wird es hell. Ein Licht beginnt zu scheinen. Dieses Licht bringt Helligkeit und Klarheit in die Dunkelheiten des Lebens. Der Unerkannte erhellt sie mit seinen Worten, wenn er sagt: „Ist das nicht schon immer so gewesen, dass derjenige Schwierigkeiten hat, der Gutes tut?" Er wird sie hingewiesen haben auf die Propheten, die von dem Leiden wegen der Gerechtigkeit sprachen. Und die Jünger werden sich verstanden gefühlt haben. Sie haben gemerkt, dass sie das Leid neu sehen können. Ein Licht beginnt für sie zu leuchten.

Vielleicht fallen Ihnen auch Situationen und Schicksale ein, liebe Gemeinde. Menschen haben sich eingesetzt für eine gute Sache. Aber zunächst haben sie nur Schwierigkeiten. Martin Luther King beispielsweise, der sich für die Überwindung der Rassentrennung gewaltfrei einsetzt. Er muss das mit seinem Leben bezahlen. Elisabeth von Thüringen kümmert sich in ganz neuer Weise um die Armen ihrer Zeit. Sie muss das mit der sozialen Ächtung innerhalb ihres Standes als Adlige bezahlen. Nein, letztlich bleibt das Leid nicht sinnlos. Es steckt sogar etwas sehr Tröstliches darin.

Alle drei erreichen das Dorf Emmaus. Der Unerkannte will weitergehen. Er will sich verabschieden. Die beiden Jünger wollen das nicht. „Bleibe doch bei uns. Es wird Abend. Der Tag geht zu Ende." Und der Unerkannte bleibt.

Als sie zu Tisch sitzen, bricht er das Brot. Er teilt es aus. Jeder nimmt davon und isst. „Kennen wir das nicht?", fragen sie sich. „Das kennen wir. Jesus tat das als er das letzte Passamahl mit uns feierte. Was sagte er noch? Ich bin unter euch, wenn ihr das Brot in meinem Namen teilt!"

Jetzt erkennen sie den Unerkannten, der mit ihnen auf dem Weg war. Er sitzt mit ihnen jetzt zusammen. Sie erkennen ihn. Aber sie sehen ihn nicht mehr. Sie wissen aber, dass er da ist. Sie brauchen ihn auch nicht mehr zu sehen. Das Licht seiner Gegenwart scheint nun in ihrem Inneren. Sie gehen nach Jerusalem zurück. Die anderen Elf sagen ihnen: „Der Herr ist auferstanden und Petrus erschienen". Und sie erzählen, was ihnen passiert ist.

Sie erzählen von dem Licht, das nun für sie scheint. Sie erzählen von der Wärme in ihrem Herzen, das zu brennen begann als er ihnen die Schrift erklärte. Es war ein plötzliches tiefes Verstehen in ihrem Herzen, als sie erkennen, dass das Leiden und der Tod Jesu wegen der guten Sache Gottes nicht vergeblich waren.

Damit sind wir bei dem Bild unserer Emporenmalerei. Das Herz liegt auf dem Buch. Das ist die Situation für uns, in der wir Gottes Wort betrachten. Und es ist der Moment, wo uns in der Begegnung mit dem Wort Gottes etwas Wichtiges für unser Leben klar wird. Diese Klarheit kommt mit dem Schein von oben. Das Licht des Himmels und die Flamme des Herzens bewegen sich aufeinander zu.

Es sind die Momente, in denen wir Gottes Gegenwart in unserem Leben in besonderer Klarheit erkennen. Das kann da sein, wo wir den Tod eines geliebten Menschen annehmen können. Wir wissen um die Lücke, die er hinterlässt. Wir können ihn aber loslassen. Gleichzeitig können wir dankbar sein für das, was er für uns bedeutet hat.

Das kann da sein, wo wir nach einer überstandenen Krankheit anders dastehen. Wir haben gemerkt, dass das Leben mehr ist als das, was wir selbst leisten. Wir entdecken, dass vieles Geschenk ist: der Ehepartner, die Kinder, der Schein der Sonne im Garten mit den vielen Blumen und Schmetterlingen.

Das sind die Momente, in denen uns unser Herz brennt. Es brennt so, wie es den Jüngern brannte, die nach Emmaus gingen. In diesem Moment ahnten sie etwas von der Gegenwart Gottes. Am Ende waren sie sich sicher, dass Jesus auferstanden und gegenwärtig ist.

Dieses Licht von Ostern, das Leuchten der Auferstehung und die Gewissheit der Nähe Gottes umgeben uns immer. Gott umgibt in dieser Weise auch die Dunkelheiten unseres Lebens. Das Entscheidende ist, mit ihm in Beziehung zu bleiben. Der Sinnspruch drückt es so aus: „Wer fleisig Gottes Wort betracht, deßselben Hertz Gott brennend macht." Bei der Betrachtung des Wortes Gottes geht es nicht nur um das Lesen der Bibel. Gottes Wort ist immer auch ein Ereignis in unserem Leben. Das brennende Herz ist Zeichen einer lebendigen Beziehung zu Gott. Gott ist uns so nahe, dass wir in seinem Licht eines Tages alles neu sehen. Da können wir dann staunen über seine Weisheit.

Amen.

Lied: Jesu, meine Freude, EG 396,1+3+6

Fürbittengebet

Christus, Licht des Lebens in der Welt. Wir danken dir für die Momente der Begegnung mit dir. Als Unerkannter stehst du bei uns. Bewahre uns in der Verbindung mit dir in deinem Wort und in der Stille. Lass so das Licht deiner Gegenwart auf uns fallen, damit wir dich, uns und die Welt um uns herum immer wieder neu verstehen. Wir rufen zu dir:

Gemeinde: Herr, erhöre uns!

Christus, Licht des Lebens in der Welt. Wir danken dir für die Hoffnung durch deine Auferstehung auf das ewige Leben. Wir bitten dich für die Trauernden, die einen lieben Menschen verloren haben. Begleite sie in ihrem Schmerz. Wir rufen zu dir:

Gemeinde: Herr, erhöre uns!

Christus, Licht des Lebens in der Welt. Wir danken dir für deine liebende Aufmerksamkeit für jede und jeden einzelnen in dieser Welt. Wir bitten dich für die Verantwortlichen in Wirtschaft, Politik und Wissenschaft: Erleuchte sie, dass sie deinen Willen erkennen und für die Gerechtigkeit sorgen, durch die jeder in Würde leben kann. Wir rufen zu dir:

Gemeinde: Herr, erhöre uns!

Christus, Licht des Lebens in der Welt. Wir danken dir für deine Geduld mit uns Menschen. Wir bitten dich um gegenseitiges Verstehen für das Zusammenleben der Menschen, die Schweres durchmachen. Besonders für die Familien, in denen es Streit gibt, für die Schulen, damit niemand ausgegrenzt wird und für die Obdachlosen, dass sie wirksame Hilfe zur Veränderung erfahren. Wir rufen zu dir:

Gemeinde: Herr, erhöre uns!

Christus, Licht des Lebens in der Welt. Du bist uns nahe in der Dunkelheit, du trägst uns in Geduld. Führe und leite deine Kirche in dem weiten Horizont deines Lichtes, damit sie immer wieder begabte Zeugin deiner Wirklichkeit ist. Fange mit dieser Begabung bei uns an und schenke uns den Mut und die Phantasie, deine Begabungen aus uns heraus zu entfalten.

Vater unser …

Literaturverzeichnis

Alciati, Andrea: Viri clarissimi D. Andreé Alciati Iurisconsulutiss. Mediola. ad D. Conradum Peutingeru Augustanum, Iurisconsulutum Emblematum liber M. D. XXXI.

Arndt, Johann: Vier Bücher vom Wahren Christentum, das ist von heilsamer Busse, herrlicher Reue und Leid über die Sünde und wahrem Glauben, auch heiligem Leben und Wandel der rechten wahren Christen; nebst desselben Paradies- Gärtlein. (Unveränderter Abdruck.)
Herausgegeben vom Evangelischen Bücher – Verein. Vierte Auflage. Berlin 1853. In der Niederlage des Vereins, Gertraudten – Straße No. 22.

Bieritz, Karl – Heinrich: Das Kirchenjahr, München 2005

Dehio, Georg: Handbuch der deutschen Kunstdenkmäler, bearbeitet von Eißing, Stephanie; Jäger, Franz und anderen Fachkollegen, herausgegeben in Zusammenarbeit mit dem Thüringischen Landesamt für Denkmalpflege, München, Berlin 1998

Dilherr, Johann Michael: Augen – und Hertzens – Lust. Das ist emblematische Fürstellung der Sonn – und Festtäglichen Evangelien; Erstlich / der Inhalt der Evangelien; Zum Anderen / die fürnehmste darinnen enthaltene Lehren; Zum Dritten / ein darauf gerichtetes Gebetlein
Zum Vierten / ein Lied / so auf das Evangelium / und auf das Emblema / oder Sinnbild gerichtet. Zugerichtet von Johann Michael Dilherrn / Predigern bei S. Sebald und Professor in Nürnberg In Verlegung Johann Andreas Endter / und Wolffgang deß Jüngeren Seel. Erben., 1661

Dilherr, Johann Michael: Frommer Christen Täglicher Geleitsmann. Das ist Neuverfasstes Gebets – Lehr – und Trost – Büchlein, Nürnberg 1653

Dilherr, Johann Michael: Heilig – Epistolischer Bericht / Licht / Geleit und Freud. Das ist: emblematische Fürstellung / der Heiligen Sonn – und Festtäglichen / Episteln: In welcher Gründlicher Bericht / von dem rechten Wort – Verstand / ertheilet; Dem wahren Christenthum ein helles Licht furgetragen; und ein sicheres

Geleit mit beigefügten Gebethen und Gesängen / zu den himmlischen Freuden gezeichnet wird /
Von Johann Michael Dilherrn / Predigern bei St. Sebald / und Professorn in Nürnberg.
Nürnberg / In Verlegung Johann Andreas Endter / und Wolffgang deß Jüngeren Seel. Erben. Nürnberg 1663

Dilherr, Johann Michael: Hertz – und Seelen – Speise / Oder Emblematische Haus – und Reise – Postill : in welcher Alle Sonn – und Festtägliche Evangelia gründlich erkläret / und der heilsame Nutz / zu Stärckung deß Glaubens / und Besserung deß Lebens / deutlich gezeiget / die ganze Predigt zum Beschluß / auf das allerkürtzeste wiederholet / und mit einem Sinnbild geendet wird. Jtzo zum andermal aufgeleget / und mit vielen neuen Predigten / auch schönen erbaulichen Liedern / auf alle Evangelia vermehret. Nürnberg / In Verlegung Michael und Joh. Fridrich Endter / Im Jahr Christi 1663

Evangelisches Gottesdienstbuch / Taschenausgabe: Agende für die Evangelische Kirche der Union und für die Vereinigte Evangelisch – Lutherische Kirche Deutschlands, herausgegeben von der Kirchenleitung der Evangelisch – Lutherischen Kirche Deutschlands und im Auftrag des Rates von der Kirchenkanzlei der Evangelischen Kirche der Union, Berlin 2000

Evangelisches Gesangbuch, Ausgabe für die Evangelische Landeskirche Anhalts, die Evangelische Kirche in Berlin-Brandenburg, die Evangelische Kirche der schlesischen Oberlausitz, die Pommersche Evangelische Kirche, die Evangelische Kirche der Kirchenprovinz Sachsen, Berlin, Leipzig 1994

Harsdörffer, Georg Philipp: Frauenzimmer Gesprächspile, Teil 1-8, hg. von Böttcher, Irmgard (Deutsche Neudrucke, Reihe: Barock 13 – 20) Tübingen 1968-1969

Heckscher, William S.; Wirth, Karl – August: Emblem, Emblemenbuch, in: Heydenreich, Ludwig Heinrich; Wirth, Karl – August: Reallexikon zur deutschen Kunstgeschichte Band V, Stuttgart 1967, S. 86 - 228

Heussi, Karl: Kompendium der Kirchengeschichte, Tübingen 1979

Höpel, Ingrid: Emblem und Sinnbild: vom Kunstbuch zum Erbauungsbuch, Frankfurt 1987

Holitzka, Marlies; Remmert, Elisabeth: Systemische Familienaufstellung, Schirner Verlag, 5. Auflage 2010

Lehfeldt, Paul: Bau – und Kunstdenkmäler Thüringens, Band II: Herzogthum Sachsen – Altenburg. Westkreis. Aufsichtsbezirke Roda, Kahla, Eisenberg, Jena 1888

Lieske, Reinhard: Motive aus Arndts „Wahrem Christentum" in Kirchenausmalungen, in: Otto, Hans; Schneider, Hans (Hg.): Frömmigkeit und Theologie, Studien zur Kirchengeschichte Niedersachsens, Göttingen 2007, S. 357 - 421

Luz, Ulrich: Das Evangelium nach Matthäus, in: Brox, Norbert; Gnilka, Joachim; Luz, Ulrich; Roloff, Jürgen (Hg.): Evangelisch-Katholischer Kommentar zum Neuen Testament, 1. Teilband Mt. 1-7, 4. durchges. Auflage, Zürich, Neukirchen – Vluyn 1997

Meiksat, Hiltrud: Wissenswertes über die Malerei in der St. Salvator Kirche Hermsdorf, Eisenberg, Bürotechnik von Thaler, 2012

Peil, Dietmar: Zur „angewandten Emblematik" in protestantischen Erbauungsbüchern: Dilherr, Arndt, Francisci, Scriver, Heidelberg 1978

Perikopenbuch mit Lektionar, herausgegeben von der Lutherischen Liturgischen Konferenz Deutschlands, Hannover 2001

Pertsch, Erich; Lange – Kowal, Ernst – Erwin: Langenscheidts Schulwörterbuch Lateinisch – Deutsch. Deutsch – Lateinisch, Berlin, München, Wien Zürich, New York 1997

Sachse, Hannelore; Badstüber, Ernst; Neumann, Helga: Christliche Ikonographie in Stichworten, Leipzig 1980

Schicketanz, Peter: Der Pietismus von 1675 bis 1800, in: Kirchengeschichte in Einzeldarstellungen III / I, Hg.: Gäbler, Ulrich; Haendler, Gert, Leipzig 2001

Schneider, Hans: Der Braunschweiger Pfarrer Johann Arndt. Sein Leben auf dem Hintergrund der deutschen Kirchengeschichte 1555 – 1621, in: Otto, Hans; Schneider Hans (Hg.): Frömmigkeit und Theologie, Studien zur Kirchengeschichte Niedersachsens, Göttingen 2007, S. 13 - 25

Winkler, Eberhard: Aus der Geschichte der Predigt und Homiletik, in: Bieritz, Karl-Heinrich; Henkys, Jürgen; Jenssen, Hans-Heinrich; Kiesow, Rüdiger; Winkler, Eberhard (Redaktionskreis): Handbuch der Predigt, Berlin 1990

Bildnachweis

Alle Bilder sind private Fotos, die mit freundlicher Genehmigung von dem Kirchenältesten, Herrn Wolfram Göbel, aus Hermsdorf zur Verwendung für diese Buchveröffentlichung zur Verfügung gestellt wurden.

Printed by Books on Demand GmbH, Norderstedt / Germany